El Renacimiento

Una Guía Fascinante de un Período Notable en la Historia Europea, que Incluye Historias de Personas como Galileo Galilei, Miguel Ángel, Copérnico, Shakespeare y Leonardo da Vinci

© **Copyright 2019**

Todos los Derechos Reservados. Ninguna parte de este libro puede reproducirse de ninguna forma sin el permiso por escrito del autor. Los críticos pueden citar breves pasajes en sus revisiones.

Descargo de responsabilidad: Ninguna parte de esta publicación puede reproducirse o transmitirse de ninguna forma o por ningún medio, mecánico o electrónico, incluida fotocopia o grabación, o por cualquier sistema de almacenamiento y recuperación de información, o transmitirse por correo electrónico sin el permiso por escrito del editor.

Si bien se han hecho todos los intentos para verificar la información provista en esta publicación, ni el autor ni el editor asumen ninguna responsabilidad por errores, omisiones o interpretaciones contrarias al tema en este documento.

Este libro es solo para fines de entretenimiento. Las opiniones expresadas son solo del autor, y no deben tomarse como instrucciones o directivas de un experto. El lector es responsable de sus propias acciones.

El cumplimiento de todas las leyes y regulaciones aplicables, incluidas las leyes internacionales, federales, estatales y locales que rigen las licencias profesionales, las prácticas comerciales, la publicidad y todos los demás aspectos de hacer negocios en los EE. UU., Canadá, el Reino Unido o cualquier otra jurisdicción es responsabilidad exclusiva del comprador o lector.

Ni el autor ni el editor asumen responsabilidad alguna de estos materiales por parte del comprador o lector. Cualquier falta de respeto percibida por cualquier individuo u organización es totalmente involuntaria.

Contents

INTRODUCCIÓN 1

CAPÍTULO 1 - UNA BREVE MIRADA A LA EUROPA PRERRENACENTISTA..3

CAPÍTULO 2 - LA PESTE NEGRA..7

CAPÍTULO 3 - EL RENACIMIENTO ITALIANO 13

CAPÍTULO 4 - LA CAÍDA DE CONSTANTINOPLA 17

CAPÍTULO 5 - LA IMPRENTA..21

CAPÍTULO 6– LA LITERATURA DEL SIGLO XV 25

CAPÍTULO 7 – LA NUEVA EDUCACIÓN 30

CAPÍTULO 8 - LOS MEDICI DE FLORENCIA Y FRANCIA 35

CAPÍTULO 9 - LA REVOLUCIÓN DE LA PINTURA HOLANDESA Y FLAMENCA 39

CAPÍTULO 10 - LEONARDO DA VINCI..43

CAPÍTULO 11 - MIGUEL ÁNGEL 46

CAPÍTULO 12 - COPÉRNICO...50

CAPÍTULO 13 - LA REFORMA..53

CAPÍTULO 14 - LA INQUISICIÓN ESPAÑOLA Y EL RENACIMIENTO 57

CAPÍTULO 15 - FRANCIA Y LAS GUERRAS RELIGIOSAS 61

CAPÍTULO 16 – ARTE Y POLÍTICA EN LA EUROPA DEL RENACIMIENTO **66**

CAPÍTULO 17 - LA ERA DEL DESCUBRIMIENTO **70**

CAPÍTULO 18 –EDUCACIÓN DE LAS MUJERES **75**

CAPÍTULO 19 - GALILEO GALILEI **80**

CAPÍTULO 20 – EL RENACIMIENTO INGLÉS BAJO LOS TUDOR **85**

CAPÍTULO 21- SHAKESPEARE, LULLY Y EL NUEVO ARTE **90**

CAPÍTULO 22 - VIDENTES Y PROFETAS **95**

CAPÍTULO 23 - EL RENACIMIENTO MÉDICO **102**

CAPÍTULO 24 - LOS INTELECTUALES PERSEGUIDOS **107**

CAPÍTULO 25 – EN LOS AÑOS POSTERIORES AL RENACIMIENTO **111**

REFERENCIAS **114**

Introducción

Después de la decadencia del Imperio romano, grandes poblaciones de europeos se quedaron repentinamente sin el liderazgo, el dinero y la estructura política que habían definido su cultura durante siglos. Desde las islas británicas hasta Rumanía, volviendo a Roma, todo había cambiado: Europa estaba viviendo la Edad Media.

En Europa este período de la Edad Media se caracterizó por pequeños reinos tribales, el analfabetismo y el deterioro de la ciencia, las matemáticas, la filosofía y el arte en la educación y la cultura en general. Las antiguas comunidades de celtas y las tribus germánicas recuperaron la fuerza que habían perdido bajo el régimen opresor del Imperio romano, mientras que Italia fracturada luchaba por restablecerse y expulsar a los variados gobernantes extranjeros que habían reclamado principados para sí mismos.

En el siglo XI, Italia se había reformado como el reino de Italia, uniéndose a las naciones germánicas del norte para convertirse en el Sacro Imperio romano. El papado recuperó su antiguo poder sobre la Europa cristiana, mientras que las economías locales integradas pudieron una vez más crear infraestructuras capaces de apoyar el comercio internacional, las actividades militares y los impuestos. Otra vez en posesión de caminos consolidados, mejor salud y acceso a alimentos y refugio, la gente tenía la fuerza que necesitaba para continuar con las artes superiores y el aprendizaje.

"Renaissance" en francés significa "renacimiento", y es el nombre que se le da en Europa al período comprendido entre los siglos XIV y XVII, cuando hubo un marcado resurgimiento en el arte clásico, la educación, la filosofía, la arquitectura y las ciencias naturales. Una vez más, los antiguos territorios romanos adoptaron los escritos de los antiguos griegos y romanos, y la idea del humanismo. Este renacimiento marca el final de la Edad Media y el comienzo del largo camino hacia la modernidad.

En esos preciosos siglos, los astrónomos redefinieron la forma en que vemos nuestra ubicación en el sistema solar y el universo. Escritores y académicos nos dieron nuevas formas de pensar acerca de la condición humana, el yo y la comunidad. Los artistas encontraron nuevos métodos de expresión, y los arquitectos usaron piezas clásicas en sus iglesias, palacios y edificios públicos contemporáneos. La ciencia dio un salto hacia adelante, una vez más capaz de igualar el nivel de los intelectuales árabes y musulmanes en términos de matemática y filosofías experimentales.

En el fondo, el Renacimiento marcó una estabilidad generalizada que Europa no había conocido durante siglos, junto con un deseo inevitable de la gente de todas partes de aprender y expresarse. La educación y la estabilidad económica transformaron a Europa en un faro de enorme cultura que finalmente condujo a la Ilustración y la Edad Moderna tal como la conocemos hoy.

Capítulo 1 - Una Breve Mirada a la Europa Prerrenacentista

El Imperio romano, bajo el liderazgo de docenas de Césares que respondían a un Senado elegido democráticamente en Roma, colonizó y ocupó Europa, el norte de África y el Cercano Oriente desde aproximadamente 200 a. C. hasta finales del siglo V d. C.

Durante este intensivo período de colonización, Roma oprimió con rigor la cultura local en favor de su propio estilo de civilización. Creyendo que estaban trayendo una forma superior de organización social a las incultas tribus que los rodeaban, Roma fue implacable a la hora de transformar las tierras que conquistaba. La infraestructura fue el primer problema que enfrentaron los soldados de César una vez que una región o un pequeño reino quedaba bajo su control. Se construyeron caminos para conectar puestos militares de avanzada y centros comunitarios, mientras que se levantaron muros para mantener alejados a los hostiles pobladores locales.

Los pueblos en todo el imperio perdieron contacto con sus raíces culturales gracias a la inundación de la educación y el comercio romanos. Lo que ganaron fue filosofía y literatura contemporánea, nuevas ideas políticas, alimentos y suministros de una región mucho más grande. El sello romano en Europa podría, y a veces aún puede, verse físicamente en forma de pavimentos, muros de piedra fortificados y fortalezas, puentes como el Pont du Gard en Francia, bibliotecas como la que aún se encuentra en Selçuk, Turquía, y obras públicas como los baños imperiales de Trier en Alemania. Las estructuras eran fuertes, grandiosas y diferentes de todo paisaje o pueblos que habían visto antes.

Bajo el gobierno del Imperio romano, la vida se volvió muy diferente, pero su gobierno no duraría para siempre. Roma se había extendido muy débilmente a lo largo de una vasta extensión de tierra, y sus enemigos finalmente se afianzaron. Bajo el liderazgo de Odoacro, las tribus germánicas de las regiones del norte invadieron y arrebataron el control de toda Italia al emperador Rómulo Augusto. Después de varias décadas de luchar por mantener la ley y el comercio, la mayoría de las colonias romanas se encontraron completamente aisladas de su antiguo centro de cultura. No había más vino, fruta, seda o especias, y con el tiempo, hubo una marcada caída en el nivel de alfabetización y educación superior.

En ausencia de un gobierno central, resurgieron múltiples grupos culturales, generalmente apoyando a poderosas familias locales. Casi tres siglos después de la caída de Roma, el emperador Carlos le Magne (Carlos el Grande, modernizado como Carlomagno) surgió como el líder de los francos, mientras que los invasores vikingos independientes se apoderaron de grandes porciones de Gran Bretaña y el noroeste de Europa. El conjunto restante de las colonias romanas orientales todavía estaba estrechamente entrelazado, pero evolucionó para formar parte del Imperio bizantino, donde el griego era el idioma común. Los bizantinos se centraron en mantener las rutas comerciales entre Europa del Este, África del Norte y Asia, lo que resultó en una cultura rica y poderosa centrada en Constantinopla.

Los califatos musulmanes conquistaron las antiguas regiones romanas de Egipto, Palestina, Siria y Mesopotamia, reconstruyendo estos lugares de centros débilmente cristianos en sociedades musulmanas devotas. Lo que es hoy Portugal y España también fue intensamente invadida por ejércitos musulmanes mientras simultáneamente se desarrollaban comunidades cristianas fuertes dentro de la península ibérica. Era una mezcla perturbadora que solo se volvería más problemática a medida que pasaran los siglos de convivencia.

Durante este período, la característica política más definitoria de Europa fue la aparición de decenas de pequeños reinos, incluidos Alemania, Bohemia, Borgoña, los francos e Italia. En la segunda mitad del siglo X, muchos de estos pequeños reinos estaban unidos políticamente bajo el recién surgido Sacro Imperio romano. En el año 800 EC, el papa León III otorgó el título de emperador al rey franco Carlos, comenzando así la ola de romanización secundaria de Europa occidental. Algunos historiadores consideran que esta consolidación es el comienzo del Renacimiento, o al menos un período separado y breve del Renacimiento romano en el oeste. El siglo que siguió a la coronación del rey Carlos se conoce como el Renacimiento Carolingio.

En efecto, el gobierno del emperador Carlomagno comenzó un acuerdo internacional que duró 800 años bajo el paraguas del Sacro Imperio romano, el cual ciertamente jugó un papel importante en la reconexión de Europa occidental y oriental. Los reinos estaban conectados no solo por el comercio y la migración, sino por su creencia compartida en la Iglesia católica. Al concentrarse en su alineamiento con la Iglesia y su papa, los reinos europeos se hicieron más grandes, más poderosos y prósperos. Al exigir diezmos, es decir, donaciones obligatorias, la Iglesia se convirtió en el poder central de toda la Europa cristiana. Y los monarcas, al comprometer su espada y una parte de sus impuestos recaudados al papa, se alinearon con ese poder.

Dado que sus primeros conquistadores romanos habían traído el cristianismo con ellos cerca del final del período romano clásico, la mayoría de las antiguas colonias se aferraron firmemente a las enseñanzas del cristianismo. Italia, los francos, Alemania y varios reinos españoles fueron los primeros partidarios del catolicismo. Varios reinos dentro de las islas británicas se mantuvieron alineados con los ideales y las enseñanzas de la Iglesia católica, siguiendo los pasos de sus familias que orgullosamente rastrearon su linaje hasta Roma. Pictland, o Escocia, como se la conoce hoy, y Gales se aferraron firmemente a sus raíces celtas no romanas. Eso dejó a la mayor parte de Inglaterra a los cristianos, centrados en los reinos de Mercia, Northumbria y Wessex. Físicamente aisladas de la regeneración del resto de Europa, estas islas sufrieron mucho por la intensificación de los ataques vikingos en los siglos posteriores a la caída de Roma. Al enfrentarse a desafíos locales como los invasores, la dificultad extrema en el transporte y la guerra entre ellos, los reinos ingleses y sus vecinos celtas cercanos se quedaron muy por detrás de la Europa continental.

Justo antes de lo que se considera el verdadero Renacimiento, los numerosos reinos de Europa estaban en un estado de vigilancia constante entre ellos y en constante vigilancia de los no cristianos entre ellos. Las fronteras se habían extendido lo más posible que permitía la política sin una consolidación cultural y regional.

Como escribió el poeta francés Alain de Lille en el siglo XII, "Mille viae ducunt homines per saecula Romam". Es decir, "Mil caminos conducen a los hombres para siempre a Roma". De Lille pudo haber estado vivo mucho después de la caída del Imperio romano, pero deja en claro que la influencia del epicentro cultural de mayor alcance en el mundo fue todo menos olvidado por sus antiguas colonias. Gran parte de Europa occidental elogió su conexión con la estructura colonial romana original y anhelaba un regreso a lo que consideraban el apogeo de la cultura y la civilización. Pasarían 800 años antes de que los intelectuales de Europa consideraran estar a la par con los filósofos, científicos y artistas de la Roma clásica.

Capítulo 2 - La Peste Negra

Antes de que la niebla de la Edad Media se pudiera despejar lo suficiente como para que Europa abrazara el Renacimiento, la gente tuvo que deshacerse de los grilletes de una parte muy debilitante de su existencia: la peste negra.

En un período muy anterior a los antibióticos, antes de las vacunas y antes de que los humanos comprendieran adecuadamente cual era el causante de la enfermedad, una de las formas más persistentes de enfermedad era la peste. Alternativamente llamada la peste negra, la enfermedad se cobró la vida de personas jóvenes y viejas, ricas y pobres, sanas o débiles, desde las islas británicas hasta el mar Negro y más allá. Se estima que ha matado hasta 200 millones de personas en Eurasia. El período más devastador para contraer la peste negra fue en el siglo XIV, pero la enfermedad regresaba a la mayoría de las ciudades capitales cada verano hasta que finalmente desapareció en el siglo XVIII y se detuvo en el siglo XIX.

La peste, que todavía hoy existe en algunas partes del mundo, es una infección bacteriana de rápido desarrollo en los ganglios linfáticos del cuerpo. Por lo general, se transmitía de animales infectados a los humanos a través de las pulgas. La peste negra se llamó así porque los ganglios linfáticos afectados se volvían negros, indicando el inicio de la enfermedad. Lo que seguía eran síntomas intensos parecidos a la gripe, fiebre alta y vómitos de sangre. Las personas infectadas a menudo morían pocos días después de que aparecieran protuberancias negras en sus axilas o en la ingle.

A mediados del siglo XIV, Italia sufrió la peor pandemia hasta la fecha. Con personas muriendo de a multitudes todos los días, cadáveres ardiendo en cientos de montones a la vez, y criminales liberados de las cárceles si prometían ayudar a sacar los cuerpos, la sociedad perdió su sentido de propiedad, por decirlo de algún modo. La gente sentía que el fin del mundo estaba cerca y que, sin importar las medidas que tomaran para protegerse contra la enfermedad, eventualmente sucumbirían a la peste negra. El papa Clemente VI ordenó que las fogatas de Aviñón se encendieran las veinticuatro horas del día en un esfuerzo por mantenerse al día con los cuerpos y consumir la enfermedad. No permitía a nadie que se acercara a él, dando órdenes a distancia.

Mucha gente supuso que moriría. Presas de pánico, los cristianos trataron de reparar sus almas y prepararlas para encontrarse con su creador. Para facilitar esta preparación, apareció en Hungría y Alemania la Hermandad de los Flagelantes. El grupo, compuesto por todo tipo de gente, comenzó ceremonias públicas de auto castigo en las que se expurgaban de pecado y daban la bienvenida a otros para unirse en oraciones, súplicas y autoflagelación con látigos de púas. La Hermandad viajó de ciudad en ciudad, reuniendo más miembros e incitando a la histeria entre los campesinos, así como a clérigos, religiosos e incluso hombres y mujeres nobles. Su número alcanzó miles, y el grupo se dividió para viajar al norte y al sur por Europa. La histeria llegó a todas partes, fuera de control, incluso del papa, hasta que las muertes por la plaga comenzaron a disminuir. Entonces, la manía tomó una nueva forma.

Se llamó la Danza de San Juan, en la que los piadosos se unían, chillaban y bailaban espasmódicamente durante horas y horas, sin parecer escuchar ni ver la realidad que los rodeaba. Después de caerse por el agotamiento, los bailarines sufrían una enfermedad extrema durante un tiempo antes de volver a la normalidad y, finalmente, regresar al baile. Cuando se concentraban, los bailarines les decían a los espectadores que habían visto maravillosas alucinaciones espirituales, como el paraíso de los cielos abriéndose. Miles de personas se reunían para bailar en ciudades alemanas antes de que la locura se trasladara a Bélgica y Francia. Para algunos, la agonía histérica de la pasión los llevó a desvestirse y participar en actos sexuales entre ellos. En medio de las multitudes maníacas, ningún comportamiento estaba fuera de lugar.

Otros, aterrorizados por la plaga en su apogeo, pero no arrastrados por la histeria danzante, se suicidaban para salvarse del dolor. Mientras la locura progresaba, no se pudo encontrar una solución clara. La teoría más respetada durante el 1400 sobre la contracción de la plaga era que las infecciones eran el resultado de haber disgustado a Dios. Los que sufrían suplicaban a los sacerdotes que los bendijeran y restauraran su reputación con Dios, mientras que los sacerdotes y monjes educados miraban frenéticamente su escaso conocimiento de la astronomía para tratar de entender lo que estaba sucediendo. Después de la muerte de más de 10.000 personas en Florencia, el orfebre Lorenzo Ghiberti recibió el encargo de construir un conjunto de magníficas puertas de bronce para el baptisterio de Florencia como una súplica a Dios para evitar que la ciudad sufriera más plagas. Sus paneles de bronce, intrincadamente elaborados para representar escenas del Nuevo Testamento, se consideraron inmediatamente una obra maestra. Más tarde, Miguel Ángel se refirió a ellos como las Puertas del Paraíso.

A pesar de lo bellos que eran los paneles de bronce de las grandes puertas, la peste siguió asolando a Florencia y al resto de Europa. Finalmente, los científicos abandonaron la teoría de que Dios estaba castigando a los enfermos y propusieron que la enfermedad pasaba por el aire en nubes malolientes. Conocida como la teoría del miasma, la creencia en los olores peligrosos llevó a los médicos a tratar de combatir la propagación de la plaga introduciendo esencias fuertes en su ropa y hogares. El vinagre fue uno de los remedios más populares, esparcido generosamente en la ropa y los muebles, y frotado por la piel de quienes esperaban mantenerse saludables.

Durante siglos, la cura de la peste se consideró el entorno de uno mismo con fragancias agradables. Se prepararon diversos aceites, polvos y perfumes para cumplir exactamente con este propósito. Desafortunadamente, el jabón, aunque hubiera resultado mucho más beneficioso, no se usó hasta el siglo XIX. El médico Nostradame, cuyo nombre generalmente se latiniza como Nostradamus, creó píldoras de rosas para ayudar a combatir la enfermedad. Elaboradas a partir de escaramujo, estas píldoras ofrecían vitamina C suplementaria para ayudar a fortalecer el sistema inmunológico del cuerpo, pero no hubo avances médicos reales para aliviar al enemigo bacteriano constante de Europa.

El impulso hacia adelante de la República de Florencia golpeó un muro metafórico a mediados del siglo XIV cuando fue azotada por la peste negra. La plaga fue una amenaza constante para todos los europeos en la Edad Media, y se abrió paso periódicamente en todas las comunidades urbanas. Las personas con medios, como los pequeños reyes y sus familias, generalmente se esforzarían por abandonar las ciudades abarrotadas durante los calurosos meses de verano, cuando la enfermedad estaba en su etapa más descontrolada. No obstante, en la década de 1450, no se pudo superar la peste negra, que aniquiló a aproximadamente un tercio de toda la población europea. Fue un siglo de enfermedad y pobreza que impactó a todas las clases y países, pero el Renacimiento ya no se postergaría. Irónicamente, la muerte masiva que sufrieron Italia y sus vecinos sirvió para inspirar aún más el surgimiento de una cultura de educación y expresión superior.

En el siglo XVII, Antonio Medici de Florencia se encargó de recopilar tantas recetas como pudo para combatir la plaga. Estas recetas contenían alimentos, en su mayoría, muy comunes, como ajo, nueces, hierbas, vino e higos, pero otros artículos considerablemente menos apetitosos estaban destinados a ser mezclados y aplicados al cuerpo en forma de ungüentos. Las recetas sugieren mezclar sustancias tales como tierra roja, azufre, arsénico, incienso palestino, mercurio, cobre y agua de herrería (agua utilizada para templar y enfriar el metal caliente) para crear medallones o bolsitas fragantes para usar como defensa. Los remedios que naturalmente repelen a las pulgas y los animales, como el ajo, pueden haber tenido algo de suerte con la peste bubónica, pero una vez que la enfermedad muta para pasar de humano a humano, se pierde cualquier ventaja de dichas recetas.

Para ayudar a los enfermos, los líderes municipales de las ciudades afectadas por la peste, como Florencia, Venecia y París, contrataron doctores de la peste. Estos médicos se establecían en la comunidad que los acogía y visitaban a las víctimas de la peste, aparentemente para aliviar su sufrimiento y potencialmente ofrecer una cura. Sin embargo, en verdad, los doctores de la peste generalmente ni siquiera eran entrenados como médicos. No tenían idea de qué hacer con los pacientes y, por lo tanto, fueron más útiles para registrar datos estadísticos, como la cantidad de personas infectadas y cuántas sobrevivieron o murieron. En las peores temporadas de peste, los médicos contratados a menudo morían junto a los pacientes o simplemente huían.

De las habilidades muy limitadas que poseía un médico especialista en plagas, la aplicación de sangrías y sanguijuelas fue la más profesional. Por supuesto, ninguna práctica fue útil para los pacientes, pero fueron utilizadas habitualmente incluso por médicos capacitados. Por el momento, la importancia del flujo de sangre a través de las venas era la información más sofisticada que alguien tenía sobre el cuerpo. La medicina como industria apenas se estaba convirtiendo en algo propio, y cuando la plaga desaceleraba, los eruditos del Renacimiento avanzarían hacia una comprensión más completa y útil de la salud humana. La filosofía también se arraigaría una vez más, ya que las personas educadas del continente generalmente gozaban de buena salud y eran lo suficientemente adineradas como para explorar el significado de la vida de varias maneras.

Capítulo 3 - El Renacimiento Italiano

Allí donde el Imperio romano fue concebido por primera vez, también comenzó su Renacimiento, o sea en Italia. Las antiguas rutas comerciales no solo se habían recuperado y mantenido, sino que otras nuevas se habían solidificado entre los reinos italianos independientes, los puertos mediterráneos e incluso los puertos bálticos en el extremo norte de Europa. El líder de la manada fue Florencia, ubicada a medio camino entre Roma y Milán.

Anteriormente una pequeña comunidad eclipsada primero por Roma y luego por Pisa al oeste, Florencia se asienta a horcajadas sobre el río Arno en la sección norte de Italia. Fluyendo hacia el sur y luego hacia el oeste desde el monte Falterona, el Arno cruza Florencia, Empoli y Pisa, facilitando naturalmente el transporte de bienes y personas hasta el mar Tirreno en la costa oeste de Italia.

Ya en el siglo XIII, Florencia era un centro de comercio internacional y el hogar de aproximadamente 80.000 personas. Los comerciantes hacían visitas regulares a la ciudad para comprar o vender productos de toda Europa y partes de Asia. La propia

Florencia se dedicaba principalmente a la lana (importada de Inglaterra y luego limpiada, cardada, hilada y teñida) y sedas locales cultivadas en su mayoría por trabajadoras.

El negocio fue tan bueno que la ciudad pudo producir una fortuna en monedas de oro, conocidas como florines. Fue una de las pocas monedas internacionales que surgió después del apogeo del Imperio romano y Persia, y ambas monedas han desaparecido hace más de 500 años. El florín de oro se convirtió en la moneda estándar internacional, con los bancos florentinos extendiéndose a lo largo de las rutas comerciales. En casa, los banqueros crearon un mercado de divisas. Como ciudadanos del centro financiero de Europa, los florentinos aprendieron a utilizar estrategias avanzadas de contabilidad y realizar un seguimiento de las inversiones en acciones.

La clase media creció junto con la nueva industria financiera, creando un inusual derrame de riqueza entre algunas familias a pesar de su falta de conexiones con el monarca gobernante. El resultado de esta libertad financiera en las generaciones más jóvenes fue el deseo de sumergirse en las artes, la filosofía y las ciencias naturales. Menos agobiados por el trabajo constante, la gente recurría a la expresión personal, específicamente en forma de pintura, cristalería, arquitectura y escritura.

La filosofía desempeñó un papel vital en la nueva y vibrante ciudad de Florencia y los centros urbanos circundantes, y Francesco Petrarca, más conocido como Petrarca, la abrazó de todo corazón. Nacido en Arezzo, Italia, en 1304, Petrarca viajó extensamente por Italia y Francia, encontrando su inspiración más satisfactoria en las ruinas de Roma. Sus escritos se consideran una de las primeras colecciones de filosofía humanista de la historia, es decir, mostrar fe en los seres humanos para establecer lo correcto de lo incorrecto y lograr sus objetivos a través del aprendizaje. El humanismo mismo ha evolucionado para convertirse en varias facciones, pero está claro que Petrarca y sus compañeros humanistas cristianos tenían la intención de trabajar dentro de la doctrina de la Iglesia católica. El mismo Petrarca esperaba una renovación del papado romano después de un largo período de la vacante papal en Italia debido a un cisma dentro de la Iglesia misma.

El trabajo más famoso de Petrarca es una colección de poemas diseñados como cartas a una enamorada llamada Laura. Aunque Laura probablemente fue un personaje idealizado y completamente ficticio, la forma profundamente filosófica e inteligente en que Petrarca describió sus emociones y su mundo en esas cartas capturó los corazones de muchos lectores. Por sus contribuciones a la literatura y la diplomacia, Petrarca ha coronado a un poeta en Roma con una guirnalda de laureles. Paris le ofreció el mismo honor, pero sus primeras lealtades eran a la civilización perdida de sus antepasados.

> El amor es la gracia suprema de la humanidad, el derecho más sagrado del alma, el eslabón dorado que nos une al deber y la verdad, el principio redentor que reconcilia principalmente el corazón para vivir y es profético del bien eterno (Petrarca, como se cita en *Pensamientos Notables Sobre Las Mujeres: un Mosaico Literario* de Maturin Murray Ballou).

Mientras que Petrarca teorizaba sobre cómo aunar el humanismo con el cristianismo, sus contemporáneos tuvieron un impacto más físico sobre Florencia e Italia en su conjunto. Giotto di Bondone fue uno de esos florentinos. Al igual que Petrarca y la mayoría de sus contemporáneos, Giotto fue un hombre cristiano a favor del renacimiento de la Iglesia católica y las artes, la literatura y la filosofía que él creía que representaban. Un maravilloso pintor, las obras de Giotto incluyen *La Vida de la Virgen* y *La Vida de Cristo* en el techo de la capilla de la Arena en Padua, en el norte de Italia.

En 1334, Giotto fue elegido para diseñar el campanario de la catedral de Florencia y se le atribuyen los frescos de muchas iglesias durante esa época. Su estilo era natural, alejándose de los estilos bizantinos rígidos y altamente estructurados de la época. Algunos historiadores consideran que la catedral es la primera hazaña arquitectónica del Renacimiento. Construida con ladrillos, que habían caído en desgracia, y con una inmensa cúpula que recuerda al Panteón romano, la catedral de Florencia es un edificio fuera de su tiempo. Sus constructores utilizaron bloques de construcción de concreto en lugar de piedra, reforzando la cúpula con una serie de nervaduras internas. Sobresaliente, la catedral de Florencia se inició en 1296 y no se completó hasta 1436. Sigue siendo una parte importante de la ciudad, como testimonio del regreso al arte romano clásico, la arquitectura y la fe cristiana.

La población de Florencia se redujo a la mitad durante la década del 1400, lo que significó que había menos trabajadores disponibles para procesar lana o seda o atender a los bancos y al mercado de valores. Las artes sufrieron durante varias décadas, pero unos pocos artesanos dedicados convirtieron la muerte y la decadencia a su alrededor en obras de arte que aún asombran al mundo de hoy. El "Triunfo de la muerte" de Francisco Traini es una de esas pinturas, en la que una colección de gente acomodada se para frente a tres ataúdes llenos. Cada cadáver usa un conjunto de ropa que los representa como a un gobernante, un miembro del clero y un pobre. Traini está mostrando a su audiencia que la muerte es el gran igualador.

La plaga desaceleró los cambios estilísticos en obras de arte y edificios y ejerció una gran presión sobre la industria financiera en Florencia, pero no eliminó la filosofía y el deseo de muchos de volver a los ideales romanos clásicos. Cuando pasaron los principales estallidos de enfermedad y la peste negra regresó a sus visitas periódicas, Florencia e Italia estaban listas para correr hacia el futuro. Los acontecimientos en otras partes del mundo impactaron significativamente en ese impulso, especialmente en la afluencia de los refugiados que huían de la otrora gran ciudad de Constantinopla.

Capítulo 4 - La Caída de Constantinopla

La notoria fortaleza de la ciudad de Bizancio se remonta al siglo VII a. C. cuando fue establecida por los griegos coloniales en lo que ahora es Turquía. La ciudad se asienta a horcajadas sobre el ancho estrecho del Bósforo y frente al mar de Mármara hacia el sur, mirando al norte hacia el mar Negro. Siendo el lugar perfecto para el tránsito marítimo y el comercio, la ciudad floreció de inmediato y creció hasta 400.000 habitantes a principios de la Edad Media.

Durante mil años, la ciudad sirvió como capital para los griegos, los romanos, los bizantinos y luego los otomanos. En 324 EC, el emperador romano Constantino I capturó y renombró la ciudad como su homónimo, declarándola el centro del mundo cristiano. En la Edad Media, también era la ciudad europea más grande con la mayor población de nobles ricos, el precursor de la Florencia del siglo XIV.

La ciudad albergaba una gran universidad y bibliotecas que contaban con varios textos antiguos, incluidos los restos de la biblioteca saqueada de Alejandría en Egipto. Bajo el liderazgo de Constantino, la antigua Bizancio estaba equipada con un muro de contención que recorría toda la circunferencia de la ciudad, incluso a lo largo de los frentes de agua. A lo largo de los siglos se agregaron más muros y un foso hasta que Constantinopla fue la ciudad más fortificada de Europa.

En el siglo XV, Constantinopla era casi todo lo que quedaba del Imperio bizantino; se encontraba desafiante en medio del extendido Imperio otomano. Bajo la creciente presión y los ataques de los otomanos, la Europa bizantina se había derrumbado lentamente durante las décadas anteriores. Con apenas un siglo y medio de antigüedad, el Imperio otomano tomó un control relativamente rápido de Europa del Este a principios del Renacimiento. Constantinopla estaba bajo el ataque constante de los otomanos, pero gracias a sus excelentes refuerzos, resistió asedio tras asedio.

Cuando el trono otomano cambió de manos en 1451, el nuevo sultán Mehmed II la convirtió en su misión personal para finalmente saquear Constantinopla y reclamarla para su imperio musulmán. Su tarea no era tan imposible como lo habría sido en años anteriores, ya que, para ese momento, la población de la ciudad fortaleza había disminuido a 50.000 como máximo. El emperador Constantino XI solo tenía un control parcial de la ciudad y pagaba tributos a sus pares otomanos en tiempos de paz. Sabiendo que el nuevo sultán tenía la intención de atacar, Constantino amenazó con colaborar con el primo de Mehmed II para usurparle el trono otomano. Mehmed no se sintió intimidado.

En un último esfuerzo desesperado por proteger su ciudad-estado, el emperador Constantino envió mensajeros al resto de la Europa cristiana (Alemania, Francia, Italia y Aragón, entre ellas) pidiendo ayuda. Solo Venecia atendió el llamado y envió barcos llenos de soldados para luchar junto al emperador bizantino. Las tropas de Constantino sumaban 7.000, mientras que las de Mehmed II se estimaban en 100.000. Desesperado, reclutó en sus filas a todos los hombres de Constantinopla en condiciones de luchar, sumando unos 30.000. Tenía 26 barcos; Mehmed tenía cien más.

A principios de abril de 1453, comenzó la batalla. Las fuerzas otomanas ignoraron los impenetrables muros frente al mar hacia el sur a favor de un ataque terrestre desde el oeste, trayendo consigo enormes cañones. En el mar, los marinos de Mehmed planearon navegar por el canal hacia el corazón de la ciudad, conocida como el Cuerno de Oro. Anticipándose a este movimiento, los defensores colocaron una inmensa cadena a través de la boca de entrada para que ninguna nave pudiera cruzarla. La estrategia funcionó durante semanas, manteniendo a las naves enemigas a la distancia de un brazo mientras los muros de la fortaleza se mantuvieron fuertes contra el fuego de cañones en el oeste. Incluso los cañones de gran tamaño de Mehmed no pudieron atravesar las múltiples capas del muro, y como demoraban tres horas en recargarse, fue posible reparar secciones de piedra impactada antes del siguiente golpe. Como lo había hecho innumerables veces antes, Constantinopla demostró ser la fortaleza más fuerte de toda Europa.

Cambiando de táctica, el sultán Mehmed II ordenó a su armada atracar sus barcos y llevarlos por tierra hasta el punto del río que se encontraba detrás de la cadena. En ese momento, el tipo más común de buque naval era el dhow, un barco relativamente pequeño con tripulaciones de 12-30. Este movimiento audaz fue exitoso, y el emperador Constantino XI se vio obligado a sacar algunas de sus fuerzas occidentales del muro hacia la costa oriental. Como las defensas a lo largo del muro se debilitaron significativamente, los ejércitos y cañones de Mehmed finalmente pudieron destruir una sección cerrada de las fortificaciones. Poco después, una segunda sección cerrada más al norte fue destruida, lo que obligó a las tropas occidentales de Constantino a separarse y proteger a ambas fuertemente.

Las fuerzas atacantes continuaron su asedio durante largos días hasta que finalmente tomaron una de las torres de las murallas. Los bizantinos retrocedieron y la ciudad cayó ante sus enemigos otomanos. El emperador fue asesinado cuando sus ciudadanos y soldados intentaban huir hacia el este, abordando sus propios barcos y esquivando las espadas enemigas en el camino. Todos los ciudadanos que quedaron dentro de la ciudad fueron asesinados, violados o tomados como rehenes como esposas y esclavos. Los hogares fueron expoliados de los objetos de valor, las iglesias fueron saqueadas, y todo lo que era valioso fue robado o vendido al mejor postor.

Un relato de un testigo del saqueo de Constantinopla se publicó en *Ellos Vieron lo que Sucedió: Una Antología de los Relatos de Testigos de los Acontecimientos en La Historia Europea, 1450-1600*:

> Cuando Mehmed (II) vio los estragos, la destrucción y las casas desiertas y todo lo que había perecido y se había convertido en ruinas, entonces una gran tristeza se apoderó de él y se arrepintió del saqueo y de toda la destrucción. Las lágrimas asomaron a sus ojos y sollozando, expresó su dolor. ¡Qué ciudad era esta! ¡Y hemos permitido que sea destruida! Su alma estaba llena de dolor. Y en verdad era lo natural, tan horrorosa era la situación que superaba todos los límites.

Bajo el nuevo soberano, el nombre de Constantinopla se cambió a Estambul. Irónicamente, a pesar de la nueva era de la imprenta con tipos móviles, existen muy pocos registros de la conquista otomana, pero muchos guiones aún estaban por venir. Gran parte de los libros tomados durante el asedio encontrarían su camino de regreso a la Europa cristiana, alimentando la ardiente voluntad del Renacimiento, aun cuando los últimos vestigios de la Roma clásica yacían en ruinas.

Capítulo 5 - La Imprenta

En la Baja Edad Media, Europa era muy diferente a la que es actualmente respecto a la alfabetización. Dos eran las razones principales: la mayoría de la gente no podía pagar la educación superior, y el trabajo que implicaba crear un folleto o un libro escrito era increíble. Sin literatura que se pudiera conseguir fácilmente o sin saber cómo leerla o reproducirla, la mayoría de los europeos que vivían en el siglo XIV eran analfabetos y no se preocupaban mucho por ello. Tenían otras cosas que hacer, como cuidar de los cultivos y jardines, y ejercer sus oficios.

La impresión en bloques de madera había estado en uso desde al menos 200 EC, pero estos métodos llevaban mucho tiempo, implicando el tallado completo de la página escrita en un bloque de madera antes de pintarlo con cuidado y estamparlo en tela. El único otro método para escribir o dibujar en el lienzo era usar una única pluma o pincel de mano, un buen sistema para hacer una única versión, pero inútil para hacer múltiples copias. Por estas razones, en toda Europa al comienzo del Renacimiento existían pocos libros, y los que había eran en su gran mayoría sobre temas religiosos. Estaban escritos sobre cuero o pergamino y atados con madera.

En el siglo XIV, el amor por la lectura y la escritura comenzó a extenderse desde Florencia e Italia, encendiendo la imaginación de la gente en todo el continente. En Inglaterra, Geoffrey Chaucer escribió una colección épica de historias titulada *Los Cuentos de Canterbury*, al mismo tiempo que un libro de versos de autores galeses se publicó bajo el título *El Libro Rojo de Hergest*. En Francia, *Le Menagerie de Paris*, escrita por un francés anónimo y disponible en forma impresa gracias al Barón Jerome Pichon en 1846, era una guía para mujeres recién casadas que brindaba consejos sobre cómo entablar una conversación, administrar un hogar y lograr el amor de Dios y el esposo. Un autor bizantino anónimo publicó una de las primeras novelas románticas del mundo, *Belthandros y Chrysantza*. Sin excepción, cada trabajo publicado hace referencia al cristianismo o al islam, ya sea directa o indirectamente.

En ese momento, la mayoría de los textos estaban escritos en latín, en primer lugar, porque era el idioma más conocido en toda Europa, y también porque los guiones escritos no necesariamente se habían desarrollado con el mismo estándar para idiomas como el anglosajón, el flamenco, el británico o el nórdico antiguo. Gastar la punta de una pluma escribiendo en un lenguaje vernáculo se consideraba no solo vulgar, sino en gran medida una pérdida de tiempo. Después de todo, ¿qué se ganaría con el esfuerzo de escribir si el trabajo no podía ser leído por los compatriotas sino tan solo por un número muy pequeño de gente educada en una región?

Todo cambió cuando Johannes Gutenberg de Mainz, Alemania, adoptó la tecnología de impresión china. Los inventores asiáticos estaban muy por delante de sus homólogos europeos cuando se trataba de publicar, ya que Bi Sheng había creado impresiones de cerámica, metal y arcilla de tipo móvil desde 1040 EC. Sin embargo, Gutenberg mejoró las tecnologías existentes de una manera tal que revolucionó más aún los métodos de impresión chinos.

Un orfebre experimentado, Gutenberg experimentaba con moldes de mano para perforar monedas hasta que perfeccionó su alfabeto de metal hecho a mano. Cada letra, número y signo de puntuación se diseñaba individualmente para que las piezas se pudieran organizar de forma única en un marco. Se entintaban, presionaban sobre pergamino o papel, y luego se desarmaban y reorganizaban de acuerdo con lo que se necesitara. Ya no había necesidad de tallar trozos de madera con el texto a imprimir en sentido inverso para cada página; se dejaron de usar y necesitar pintura y tintas de mala calidad para frotar los moldes. Gutenberg desarrolló una tinta a base de aceite que se adhería mejor, no se corría ni se acumulaba tanto como los tipos de tinta anteriores, lo que simplificó mucho el proceso de presionar el bastidor sobre el papel. Era una forma completamente nueva para los escritores y pensadores de Europa de publicar libros más grandes y en mayor número. Se le había dado nueva vida a la literatura, y fue un éxito en todo el continente.

En el transcurso de los próximos siglos, los filósofos, poetas y narradores salieron de la carpintería transformando la literatura de una mercancía rara a un nuevo pasatiempo para los europeos de clase media alta. No solo los artistas querían poner sus obras en pergamino, algunos de los escritores más prolíficos del Renacimiento fueron reyes y reinas. No fue más que otro simple retroceso a la época de los Césares de Roma, ya que Julio César y Marco Aurelio habían escrito muchos manuscritos sobre el arte de la diplomacia y la guerra en la mitad anterior y temprana del milenio.

El rey Jacobo I de Escocia escribió sobre su propia captura y encarcelamiento por los ingleses en *The Kingis Quair,* publicado en 1406. Como mucha literatura cristiana de la época, estaba escrito en rima. René de Anjou, rey de Nápoles, escribió *La Mortificación del Placer Vano* en 1455, seguido de *El Libro del Corazón Enamorado* en 1457.

Los gobernantes bizantinos de la época estaban igual de ansiosos por dejar su huella literaria en el mundo, aunque generalmente elegían escribir en griego. Los manuscritos del Imperio bizantino se remontan al siglo XI, pero a mediados de la década de 1400, el imperio estaba en serios problemas y no podía concentrarse en las artes. Casi todo lo que quedaba de los bizantinos era su ciudad capital.

Capítulo 6– La Literatura del Siglo XV

La literatura demostró ser una fuerza imparable que llevó las ideas a todos los rincones de Europa gracias a la innovadora imprenta de Gutenberg.

Cuando Constantinopla cayó frente al sultán, muchos de los libros que sobrevivieron eran obras de filosofía griega y romana, ya que las ciencias y las matemáticas fueron absorbidas por la cultura otomana. Sin embargo, algunos fueron escondidos o comprados y llevados a Italia, Francia, España y otros reinos todavía bajo la fe cristiana. De repente, hubo una importante afluencia de literatura clásica que circulaba por toda Europa e inspiró a una nueva generación de autores equipados con la imprenta.

Dos resultados fundamentales surgieron de esta combinación de rollos clásicos, libros y la tecnología de impresión. En primer lugar, las noticias podían propagarse fácilmente de una región a otra, manteniendo informada a la gente instruida sobre sus vecinos y sus propios reinos; y, en segundo lugar, se estableció la estandarización del lenguaje mismo. Gracias a Gutenberg y los libros clandestinos de

Constantinopla, los cambios en la cultura y la educación se extendieron por todo el continente. Las noticias, el comercio, las alianzas y la creatividad personal, todas se vieron afectadas.

Otrora, a los mensajeros de la corte se les había pedido que memorizaran las palabras de un mensaje a través de grandes distancias antes de transmitir lo que, con suerte, era una paráfrasis correcta para el destinatario. Incapaz de escribir o leer notas, las noticias viajaban lentamente y eran muy simples para que no tuvieran errores. A medida que la educación se valoró más en los siglos XIV y XV, la nobleza, por supuesto, podía escribir a mano sus propios pergaminos y hacer que los mensajeros los entregaran en mano prácticamente en cualquier lugar. Esto funcionó, ya que destinatarios, por lo general eran personas altamente educadas a quienes se les enseñaba a escribir y leer el mismo dialecto, o parecido, de uno o dos idiomas. Pero las distancias más grandes crearon problemas de comunicación.

Incluso dos personas del mismo reino podrían malinterpretarse entre sí, ya que el tráfico solo se movía a la velocidad de un caballo y cada pequeña comunidad se desarrollaba y usaba sus propias formas de jerga, modismos, ortografía y gramática. Aunque los mensajes en sí seguían estando escritos a mano, los cientos de libros, folletos e historias que salían de las imprentas del continente viajaban junto a mensajeros, vagabundos, familias y trabajadores de un lugar a otro, atrayendo la atención de los lectores cercanos y lejanos sobre acontecimientos y estilos de vida contemporáneos. Por primera vez, las personas alfabetizadas en todas partes tuvieron la oportunidad de aprender sobre la gente, las culturas y los eventos que las rodeaban, y de asimilar esas piezas aisladas del lenguaje en una forma universal de inglés, español, francés y cualquier otra lengua importante.

Quizás la simple emoción de leer noticias e historias de ficción motivó a Europa a centrarse más en la educación literaria y clásica. A partir de este momento, de arriba hacia abajo, primero los ricos y finalmente las clases medias altas, fueron los líderes del continente en adquirir conocimiento literario, filosófico y científico. A medida que más gente en toda Europa aprendían a leer y escribir, más se convirtieron en autores y lectores. Con más perspectivas que nunca, la literatura creció a pasos agigantados, combinando estilos extremadamente locales, como el poema épico británico y el manual de caracteres franceses. La religión se convirtió en una razón menos importante para escribir, aunque mantuvo su lugar en el contexto de varias tramas ficticias.

En Inglaterra, Thomas Malory creó una obra de ficción basada en una de las figuras más perdurables del reino: el legendario Rey Arturo. Su libro de dos volúmenes, Le Morte D'Arthur, fue escrito en el estilo inglés de 1485. Debido a la conquista normanda de Inglaterra en 1066, la nobleza del Renacimiento de Inglaterra hablaba y escribía un idioma fuertemente influenciado por las lenguas francesas contemporáneas. Gracias a literatura como la siguiente (en la que Arthur Pendragon saca la espada sagrada de la piedra), los residentes de los distintos reinos ingleses encontraron una voz común entre ellos que promovió el nacionalismo y finalmente interconectó los idiomas inglés y francés.

""Prueba ahora" dijo Sir Héctor dirigiéndose a Sir Kay,

Y entonces él tiró de la espada con toda su fuerza, pero no ocurrió.

"Ahora seréis vos quien pruebe" dijo Sir Héctor a Arturo. "Eso deseo", dijo Arturo y con facilidad la extrajo. Y allí mismo Sir Héctor puso rodilla en tierra ante Sir Kay.

"¡Ay de mí!," dijo Arturo, "mi querido padre y hermano mío, por qué os arrodilláis ante mí?"

"No, de ningún modo mi señor Arturo, no es así; nunca fui vuestro padre ni fui de vuestra sangre, pero bien sé yo que vos sois de sangre más alta que aquella que yo suponía"

Y entonces Sir Héctor le contó todo, cómo se dedicó a nutrirlo, y por mandato de quién, y por la liberación de Merlín.

Michel de Montaigne, contemporáneo de la princesa Margarita de Valois y sobreviviente de la masacre del día de San Bartolomé durante las guerras religiosas de Francia, sirvió a la corona francesa como estadista y humanista. Descendiente tanto de católicos como de una familia judía, se confiaba en De Montaigne en nombre de la corte francesa y de Navarra para realizar tareas diplomáticas. Sin embargo, la principal contribución de Montaigne al Renacimiento francés tuvo más que ver con su inclinación literaria.

En su opinión personal, Montaigne lamentaba el estado de la literatura francesa de su tiempo, y comentaba de su trabajo cómo le encantaba encontrar algunos pasajes convincentes entre los libros franceses que ojeaba. Quería saber más de los académicos de su país y viajó mucho en la década que siguió a la trágica masacre en París, en parte buscando alivio para sus problemas de salud crónicos y escribiendo ensayos detallados sobre sus experiencias. Esta forma de escribir fue la contribución perdurable de Montaigne a la literatura francesa moderna en todo el mundo occidentalizado.

Los escritores españoles se mantuvieron firmemente unidos a las obras religiosas, creando interpretaciones filosóficas y especulativas de los evangelios católicos principalmente hasta la última parte del Renacimiento. Cuando aceptaron todas las oportunidades que ofrecía la ficción, encontraron un amor especial por la novela romántica. Uno de los autores más recordados de la historia, Miguel de Cervantes, creó un personaje atemporal en su libro de 1605 *Don Quijote de la Mancha*. El libro lleva el nombre del protagonista obsesionado con el romance.

> Este ... caballero ... pasaba su tiempo libre, lo que significaba la mayor parte del año, leyendo libros de caballería con tanta devoción y entusiasmo que se olvidó casi por completo de la caza e incluso de la administración de su patrimonio; y en su imprudente curiosidad y locura llegó a vender acres de tierra cultivable para comprar libros de caballería para leer ...

Con estas palabras y frases, el pobre caballero se volvió loco y pasaba noches sin dormir tratando de comprenderlas y extraer su significado, que el mismo Aristóteles, si volviera a vivir con ese único propósito, no habría podido descifrarlas o entenderlas.

Gracias a la profusión de la ficción contemporánea a lo largo del Renacimiento europeo, los historiadores tienen una amplia selección de literatura para estudiar y comprender mejor el período. A través de innumerables poemas, manuales de conducta, libros de caballerías, romances e historias de aventuras, los autores del Renacimiento revelan un amplio mundo de lazos regionales e internacionales en desarrollo. Las relaciones entre los pequeños reinos y su líder común, la Iglesia católica, estaban en constante cambio a medida que estiraban sus patas políticas y económicas y luchaban por una posición privilegiada en el comercio mundial y la propiedad de la tierra.

Gracias a la estandarización del idioma y la educación lingüística renovada, Europa comenzó a sentirse como un lugar mucho más pequeño. Las fronteras políticas se extendieron y se hicieron nuevas alianzas que comenzaron a dar forma al mapa europeo en algo que podríamos reconocer hoy.

Capítulo 7 – La Nueva Educación

La teoría filosófica formadora subyacente a la evolución de la educación durante el Renacimiento fue el humanismo. Inicialmente destinado a encarnar un estudio de la naturaleza humana desde la perspectiva de que la Biblia católica era una verdad infalible, el humanismo se dividió rápidamente en varias facciones. Estas facciones incluían el humanismo estoico, cristiano, aristotélico, y eventualmente el secular. Las filosofías más influyentes de la época fueron las ideas humanistas basadas en el cristianismo, en las que la Iglesia católica y sus reinos alineados eran muy venerados y totalmente consentidos.

Otra escuela filosófica definitoria de la época es la llamada platonismo renacentista, una nueva mirada a las obras del educador griego clásico, Platón. La suya era una filosofía en marcado contraste con la teoría más literal del humanismo, ya que Platón creía que la mente y el espíritu eran más grandes que el yo físico o el entorno literal de uno.

Casi exclusivamente debido a este renacimiento platónico en la Florencia del siglo XIV, la educación superior de los siglos posteriores incluiría lecciones de griego que permitieron a los estudiantes leer el material de la fuente. Junto con el latín, el griego era venerado como una conexión casi sagrada con los antiguos filósofos del continente.

El erudito francés Michel de Montaigne (1533-1592) escribió extensamente sobre el tema de la educación, en un momento en que el escolasticismo competía con las formas seculares de enseñanza en toda Europa. El párrafo siguiente es de su libro, *De la Educación de los Hijos*:

> …tener hijos no es un asunto difícil; pero después que nacen, comienza el problema, la atención y el cuidado de entrenarlos debidamente, llevarlos a la práctica y educarlos. Los síntomas de sus inclinaciones a esa tierna edad son tan oscuros, y las promesas tan inciertas y falaces, que es muy difícil establecer un juicio o una conjetura sólida sobre ellos.

Como un interés renovado en los clásicos griegos y romanos se extendió desde Italia hacia el oeste. El método de enseñanza que generalmente acompañaba a dicha literatura era la escolástica. Este método consistía en tres pasos fundamentales. Primero, el estudiante debía leer un trabajo respetado, como la *Ética Eudemia* de Aristóteles. Segundo, él o ella debía leer otro trabajo que criticara al primero. Tercero, el estudiante debía considerar cuidadosamente cada punto crítico y decidir cómo resolver cualquier contradicción o disputa. El método procedía directamente de los métodos de enseñanza clerical, en los que se enseñaba a los estudiantes de la Iglesia a defender el dogma religioso a través de las Escrituras.

El escolasticismo no satisfizo a muchos tutores y profesores del Renacimiento medio y tardío, pero proporcionó un puente académico entre el estudio y la práctica contemporáneos de la lógica. Para los defensores del método, Aristóteles era considerado el punto de referencia de la filosofía. La enseñanza se desarrolló de forma independiente gracias a la creciente demanda de tutores entre el 1400 y el 1700, y la pedagogía avanzó junto con su contenido. Por ejemplo, la ciencia requería que sus estudiantes no solo estudiaran los trabajos de maestros anteriores, sino que ellos mismos realizaran estudios e investigaciones.

Los currículos educativos que incluían múltiples materias se limitaban a los ciudadanos nobles y ricos de Europa, mientras que las clases trabajadoras enseñaban a sus hijos un oficio en casa o los enviaban afuera para que se convirtieran en aprendices de profesionales en demanda. Michel de Montaigne se dio cuenta de esto y sugirió que incluso si los pobres pudieran enviar a sus hijos a aprender ciencias y matemáticas, no marcaría ninguna diferencia en la vida del estudiante.

> ...la ciencia es un estupendo ornamento y una cosa de uso maravilloso, especialmente en personas criadas hasta ese grado de fortuna... Y, en verdad, las personas de baja y media condición no pueden ejercer su oficio verdadero y genuino, siendo naturalmente más aptas para ayudar en la conducción de la guerra, en el gobierno de los pueblos, en la negociación de las ligas y amistades de príncipes y naciones extranjeras, más que en la formulación de un silogismo en lógica, en la defensa de un proceso legal o en la prescripción de una dosis de píldoras en física.

Alrededor del siglo V en Europa, las iglesias sirvieron como centros educativos, donde los monjes alfabetizados enseñaban a los discípulos a leer y escribir en latín, así como sus reglas elegidas de la fe católica. Solo los hijos de terratenientes ricos y nobles podían asistir a la escuela, lo que dejaba a la mayoría de la población analfabeta y dependiente de las iglesias para las interpretaciones religiosas. Las artesanías y los oficios cayeron bajo su propio sistema educativo, por el cual las habilidades y técnicas en piedra, carpintería, mantenimiento de ganado y otras aptitudes profesionales normalmente se transmitían de padre a hijo en el aprendizaje temprano. Fuera de la unidad familiar, el aprendizaje era otra forma potencial de educación.

Aunque los oficios y los aprendizajes familiares continuaron durante el Renacimiento, la educación superior se expandió a nuevas universidades y colegios que se construyeron con el único propósito de la educación. Entre los siglos XIV y XVII, docenas y docenas de universidades se establecieron en toda Europa, en ciudades como Pisa, Aviñón, Dublín, Florencia, Budapest, Burdeos y Edimburgo. Curiosamente, dada su distancia del centro del Renacimiento, Inglaterra estableció las universidades de Oxford, Northampton y Cambridge ya en el siglo XIII. Muchas de estas antiguas instalaciones educativas todavía existen en la actualidad, anunciadas como los antepasados de los sistemas de las escuelas modernas.

Aunque el Latín se había seguido enseñando en siglos anteriores, ahora adquirió una importancia singular bajo el currículum clásico revisado. A la edad de cinco años, los hijos de familias importantes y adineradas se iniciaban por primera vez en el idioma de la antigua Roma, emprendiendo un viaje de diez años con varios autores profesionales, filósofos, científicos y matemáticos para adquirir una visión completa del mundo. El idioma nativo del alumno no era una materia de estudio; los tutores y las familias acordaron que este se aprendía fácil y naturalmente en el hogar.

Durante el período medieval, el estilo educativo, el tema y la edad a la que un niño comenzaba las clases, dependía completamente de los padres o tutores. No había escolarización obligatoria y, de hecho, dicha legislación habría sido infructuosa, ya que las familias pobres y de clase media necesitaban a sus hijos en casa para que los ayudaran con la agricultura, la jardinería, el cuidado del ganado y el mantenimiento de la casa. Los niños mayores trabajaban con sus padres o encontraban trabajos fuera del hogar para contribuir con dinero o bienes. Cuando se afianzó la Reforma, los protestantes intentaron asegurarse de que todos los jóvenes (y en algunas regiones, también las jóvenes) fueran enviados a la escuela para que se alfabetizaran y aprendieran a leer la Biblia. La mayoría de los países europeos adoptaron la escolaridad obligatoria durante los siglos XVI y XVII.

Una vez que se le enseñaba a un alumno gramática, religión y algo de historia, los tutores se trasladaban a clases universitarias que se organizaron de acuerdo con un planeta específico. Los sabios tutores, eruditos y filósofos de la época atribuían rasgos comunes a los planetas de su sistema solar, aunque no todos tenían la idea correcta de lo que significaba, y se referían a cada uno habitualmente en literatura y ciencia. Los programas universitarios estaban compuestos principalmente por siete escuelas de conocimiento, conocidas como humanidades o artes liberales. La Luna representaba la gramática; Mercurio la lógica; Venus la retórica; el sol, la música; Marte, la aritmética; Júpiter, la geometría; y Saturno, la astronomía y astrología. Este plan de estudios básico fue utilizado hasta principios del siglo XX por tutores y profesores que enseñaban a los hijos de aristócratas, miembros de la realeza y otras familias ricas.

Las clases modernas en las escuelas públicas y privadas a veces usan una versión actualizada del método escolástico, llamado mesa Harkness. Este proporciona una base de discurso entre estudiantes y maestros a lo largo del proceso de aprendizaje. Sin embargo, en el último medio siglo, los cursos de latín y griego han pasado de moda casi por completo, hasta el punto de que solo los estudiantes de secundaria o los de escuelas privadas tienen acceso a los currículos clásicos. La mayoría de las escuelas europeas ofrecen clases de latín como una opción, con muy pocos componentes obligatorios.

Capítulo 8 – Los Medici de Florencia y Francia

Cosimo el Viejo, activo en el siglo XV, es considerado el fundador de la poderosa Casa de los Medici. Gracias a las cuidadosas administraciones de Cosimo, la familia utilizó su riqueza e influencia existentes para patrocinar a las humanidades y apoyar a los artistas florecientes. Florencia se convirtió en un paraíso de educación, filosofía y expresión artística, mientras que los Medici solidificaban hábilmente su poder sobre la ciudad-estado. Durante el Renacimiento, la familia aportó cuatro papas católicos y extendió la progenie por los diversos reinos de Europa al casarse con otras familias importantes. En el siglo XVI, la descendiente más famosa de Cosimo, Catalina de Medici, era la reina de Francia.

En 1397, la acomodada familia Medici formó el Banco Medici y fue una parte integral del desarrollo de Florencia como un centro financiero de nivel mundial. Los prestamistas y ahorristas del Banco Medici utilizaron un nuevo método de contabilidad, conocido ahora como el sistema de contabilidad de doble entrada. Utilizando lo que ahora se llaman libros de contabilidad generales, los Medici y sus contemporáneos en Florencia hacían un seguimiento cuidadoso de cada florín de cada cuenta individual, usando un lado del libro de contabilidad para el crédito y el otro para la deuda. Este método cuidadosamente ajustado y afinado entrañó transacciones más confiables para los clientes del banco. Irónicamente, el nombre Medici no se convertiría en sinónimo de confiabilidad.

Quizás una razón para ello es que la familia era una gran trepadora social, y una vez que ya tenían el poder de Florencia y Toscana, supuestamente comenzaron a inventar grandes historias de sus antepasados ingeniosos y valientes. No necesitaban haberlo hecho por Cosimo, ya que fue en gran parte el patriarca de la familia quien llevó a todos a la riqueza y la notoriedad. Personalmente, Cosimo era bastante humilde, construyendo una propiedad relativamente modesta para sí mismo para no llamar demasiado la atención. Después de su muerte, la familia Medici lo glorificó sin fin, utilizando esa imagen positiva para cimentarse en el futuro de Florencia.

La familia se hizo famosa porque, como líderes de Florencia, desempeñaron un papel muy importante en el Renacimiento italiano. Es posible que el dinero que invirtieron en su ciudad haya cambiado el mundo, gracias al hecho de que sucesivas generaciones de Medici fueron fieles amantes de la literatura y el arte. Entre aquellos artistas que contrataron y apoyaron los Medici están Miguel Ángel, da Vinci, Botticelli, Rafael y Brunelleschi, quienes hicieron contribuciones duraderas al arte y la ciencia del Renacimiento.

Junto con el regreso a la filosofía y las humanidades clásicas de estilo griego y romano, también se produjo el renacimiento de la arquitectura clásica. Con más patrocinio de líderes y papas de la ciudad de los Medici, los arquitectos de Venecia y Florencia pudieron expresar el estilo de los tiempos con el uso de columnas, arcos y cúpulas que se remontaban a los viejos templos de los antiguos dioses. Resurgió la construcción con cemento y ladrillo, permitiendo a los edificios alcanzar mayores alturas y áreas junto con la resistencia intrínseca. La simetría y la geometría gobernaron en el nuevo estilo que pronto se abrió camino hacia el oeste. Las bellas artes se desarrollaron junto con las artes de la construcción, adoptando una estructura más realista gracias a la industria emergente de la pintura al óleo.

Aunque el clasicismo fue la primera fuente en la cual se inspiraron los artistas contemporáneos, los temas artísticos evolucionaron a lo largo de décadas y siglos. El humanismo, tanto en el arte como en la filosofía, fue un tema comúnmente explorado en gran parte del arte y la arquitectura del Renacimiento. Inundados por la creciente creencia de que los humanos tenían el control de sus destinos, los artistas comenzaron a capturar figuras realistas con expresiones faciales individuales. Los edificios ya no eran solo en alabanza a Dios, sino una celebración de una mejor comprensión de las ciencias físicas.

Cuando Catalina de Medici se casó con el rey francés Enrique II y se mudó a París para esperar su rol de reina de Francia, trajo consigo un amor por los refinados retratos y los muebles exquisitos. Coleccionó obras de arte, esculturas de marfil y libros que sin duda la ocuparon durante los años en que su esposo la dejó a su suerte, prefiriendo ocuparse personalmente de la política, y de su amante, Diane de Poitiers. Sin embargo, la pareja estuvo bajo una presión extrema para tener hijos una vez que el hermano mayor de Enrique muriera y lo dejara como heredero al trono. Catalina se vio obligada a probar métodos de fertilidad absurdos que incluían orina de mula y heces de vaca. Con el tiempo, quedó embarazada y dio a luz un hijo. En total, Catalina tuvo diez hijos, seis de los cuales sobrevivieron la infancia.

Aparte de tener hijos, a Catalina de Medici se le permitía tener muy poca influencia en la corte francesa hasta que murió su esposo en 1559. Desde el mismo momento en que Enrique II yacía muerto, la reina Catalina vio su oportunidad de recuperar el tiempo perdido. Le negó a Diane de Poitiers ver al hombre moribundo, y una vez que muriera Enrique, desterró a su ex amante de la corte y le exigió a Diane que le devolviera las joyas de la corona que le había dado el exrey. Aunque su hijo era lo suficientemente grande como para gobernar por su cuenta, cada vez que se dirigía al parlamento o emitía una proclama hacía referencia a su madre. Catalina se mantuvo orgullosa junto a Francisco II y se hizo un nombre internacional como la mujer intrigante detrás del trono. Probablemente no le molestara.

Francisco II murió joven, dejando a Catalina de Medici que gobernara como regente de Francia hasta que se hiciera mayor el siguiente hijo, Carlos IX. A la muerte de Carlos, lo sucedió su hijo Enrique III. Cada uno de los hijos de Catalina la amaba y la respetaba, lo que significaba que tenía toda la influencia que le faltó mientras estuvo vivo su esposo. Desafortunadamente, durante los reinados de sus hijos, Catalina enfrentó en su reino una violencia extrema entre católicos y protestantes. La reina trató de lograr un equilibrio entre los grupos, pero todos los intentos fueron infructuosos, lo que condujo a las guerras religiosas francesas.

En 1587, cuando la ex nuera de Catalina fue ejecutada en la Inglaterra protestante, la reacción católica volvió a cobrar impulso y amenazó con expulsarla a ella y a su hijo del trono de Francia. Enrique III se vio obligado a contratar a un guardia suizo para protegerlo de la católica familia Guisa, parientes de la asesinada María, reina de Escocia. Los Guisa tomaron el control de París, provocando un gran derramamiento de sangre entre los seguidores del rey y los de los Guisa. Catalina murió en 1589, poco después de enterarse de que los hombres de su hijo habían asesinado a varios hombres de los Guisa.

Culpada sin piedad por el derramamiento de sangre y la manipulación política, muy pocos lloraron a Catalina fuera de su familia. Menos de un año después, Enrique III fue apuñalado hasta morir, poniendo fin a la dinastía Valois. Ninguno de los hijos de Catalina tuvo herederos, lo que efectivamente puso fin a la línea patriarcal directa.

Capítulo 9 – La Revolución de la Pintura Holandesa y Flamenca

Aunque la pintura al óleo abarcaría la mayor parte de las obras artísticas del Renacimiento europeo, el uso de dichas pinturas no fue un éxito inmediato. No fue sino hasta que los artistas en los Países Bajos conocieron el innovador proceso de mezclar pigmentos de colores con aceites vegetales que el uso de tales pinturas realmente despegara. Antes de que artistas como Jan van Eyck y Rogier van der Weyden hicieran famosa la pintura al óleo, los pintores usaban sus pigmentos directamente sobre yeso húmedo o mezclaban colores con clara de huevo de secado rápido. Al perfeccionar el uso del aceite de linaza con los pigmentos, los pintores holandeses pudieron crear un realismo ultra detallado que de otro modo hubiera sido inalcanzable.

Los pigmentos con los que trabajaban también se estaban volviendo más sofisticados, y ya en el siglo XVII, varios colores nuevos se agregaron a la paleta del pintor, incluido el amarillo de Nápoles, el carmín del lago y el azul almidón. Hechos a partir de compuestos cristalinos molidos, estos colores eran amarillo rojizo, carmesí y azul polvo, respectivamente. Los artistas conseguían estos y otros pigmentos a través de transacciones con mercaderes y los compraban mezclados o utilizaban aceite de nuez o linaza para mezclar la pintura ellos mismos. Mezclar lentamente los pigmentos de color machacados en una pequeña cantidad de aceite producía una pintura sedosa, espesa y vibrante que brillaba sobre el lienzo.

Jan van Eyck fue uno de esos talentosos pintores holandeses del Renacimiento que influyeron en todo el continente con sus obras al óleo. Al servicio de Juan III, duque de Baviera-Straubing, van Eyck ya era un maestro pintor, buscado por los aprendices de arte en La Haya y más allá. Ayudó a renovar los inmensos edificios del gobierno local llamados en conjunto Palacio Binnenhof. Después de la muerte de Juan III, también conocido como Juan el Despiadado, gracias a su hábito de establecer ejércitos entre los miembros de la familia y desobedecer las órdenes de la Iglesia, van Eyck fue a servir a Felipe el Bueno, duque de Borgoña, en Brujas, Bélgica. Excepcionalmente talentoso, van Eyck es responsable del ampliamente conocido *Retrato de Arnolfini*.

Pintado en 1434, el *Retrato de Arnolfini* es un ejemplo muy temprano de retratos de estilo renacentista. Muestra representaciones increíblemente realistas de telas brillantes y vibrantes, hechas en óleo sobre roble. Famoso tanto por ser una de las primeras pinturas sin huevo como por sus increíbles detalles, el retrato revela perfiles increíblemente pálidos y de aspecto exótico de un hombre contemporáneo y su esposa. Están vestidos con lo que probablemente fuera su mejor ropa, la joven mujer tan pesadamente ataviada con un vestido verde oscuro que tiene que mantener el ruedo doblado hasta la cintura por el largo excesivo. El vestido de la mujer está tan finamente trabajado que se puede ver cada arruga y cada pliegue, mientras que las mangas del hombre muestran un cuidado y esplendor similar. Los tapices y la ropa de cama en el fondo son una evidencia más de lujo, lo que sugiere que el único propósito del retrato era mostrar la riqueza y la posición social de la pareja. Incluso se ha postulado que la pintura misma se hizo para registrar el contrato de matrimonio.

La pintura de Der Weyden, *Retrato de una Dama*, muestra cuán exigente podía ser un artista talentoso con pinturas al óleo de secado lento. Como los aceites tardaban mucho más en secarse sobre lienzo, madera y otros medios de pintura que las mezclas de yema que en ese momento la mayoría de los artistas usaban, der Weyden aprendió por sí mismo cómo mezclar delicadamente las pinturas húmedas para crear un sombreado maravilloso y realista. *Retrato de una Dama* muestra esta técnica, con la sorprendente interpretación del pintor de un tocado transparente con claras marcas de pliegues sobre el cabello y el rostro de la modelo.

El casi fotorrealismo de algunas de las pinturas de der Weyden y de van Eyck no tuvo precedentes en la escena artística europea, y sus profundos conocimientos y experimentos con aceites finalmente se difundieron en todo el continente. A finales del Renacimiento, la pintura al óleo se había convertido en la norma para todos los buenos retratistas y artistas favorecidos por la monarquía. Casi 600 años después, los avances realizados por ese primer puñado de pintores holandeses todavía están en uso.

Joachim Patinir, un pintor flamenco (de la parte de Bélgica de habla holandesa) nacido en 1480 llevó las técnicas al óleo de su predecesor a otro nivel, utilizando colores vibrantes y técnicas de sombreado para escapar del retrato tradicional y los relatos bíblicos. Patinir fue el primer artista exitoso de Europa occidental durante el período del Renacimiento en establecer la pintura de paisajes como una industria viable. Sus contemporáneos, el alemán Albrecht Altdorfer y el italiano Giorgione, produjeron algunas obras de paisajismo durante el mismo período. Las obras de Patinir tenían la marcada característica de presentar figuras humanas muy pequeñas, consolidando así el paisaje en sí mismo como el foco. En muchas piezas, incluso haría que las personas fueran pintadas por otros artistas, mientras él se dedicaba a los árboles, las praderas, los arbustos y las características del agua.

Los paisajes de Patinir establecieron la norma moderna para otras pinturas de tipos similares, ya que en gran medida se dividían en el primer plano, el medio, los campos y el superior, el cielo. Los primeros planos son en tonos marrones profundos, los medios son generalmente en tonos de verdes y los cielos están pintados de azul. Sus personajes eran figuras bíblicas, ya que ese era abrumadoramente el estilo del momento, con la obvia excepción de que fuera un retrato pagado. De vez en cuando creó obras en el estilo tríptico, en el que se utilizan tres paneles separados para una pintura completa. El estilo de Patinir fue copiado y perfeccionado por pintores holandeses ulteriores, incluidos Pieter Bruegel el Viejo y Pieter Aertsen.

La expresiva pintura de una multitud de artistas holandeses y flamencos de gran talento en todo el Renacimiento sentó las bases para los avances técnicos en sombreado, la coloración, la mixtura y la mezcla de pinturas, así como el óleo y el pigmento. También tuvieron una gran influencia en el establecimiento de paisajes y naturalezas muertas, estilos que se pusieron de moda en todo el continente. Los descubrimientos realizados por estos artistas forman la base de las técnicas modernas de la pintura en toda Europa y en todo el mundo.

Capítulo 10 - Leonardo da Vinci

Ciertamente, uno de los eruditos más conocido de todos los tiempos, sin contar el Renacimiento europeo, fue Leonardo da Vinci, quien fuera patrocinado por Lorenzo de Medici, un descendiente de Cosimo. Nacido fuera de Florencia, hijo de una mujer campesina y un noble casado, las fortalezas artísticas de Leonardo fueron su gracia salvadora. Un talentoso músico, artista, científico e ingeniero, el joven hijo ilegítimo de Piero da Vinci fue empleado de la familia Medici como pintor y diplomático. Pasó gran parte de su tiempo visitando reinos cercanos y estados independientes como representante de Florencia y de los Medici, utilizando sus regalos de obras de arte para hacer las paces y forjar amistades internacionales.

Mucho antes de que Da Vinci hallara la fama como artista y gran pensador, era un simple aprendiz en el estudio de Andrea del Verrocchio en Florencia. Bajo Verrocchio, da Vinci aprendió una variedad de métodos artísticos, que incluyen cómo trabajar con piedra y metales preciosos. Su método preferido involucraba una brocha, y en retrospectiva llegaría a definirlo. Siendo un estudiante constante del método científico, las pinturas de Leonardo se completaron lenta y metódicamente, por lo que probablemente solo terminó una fracción de las obras de arte de sus contemporáneos.

Habiendo comenzado su carrera artística profesional en la década de 1470, Leonardo era un hombre que creía que el arte era una parte integral de la ciencia, la naturaleza y la invención. Así como la Europa educada había llegado a basar sus ideas y su trabajo en la literatura latina, da Vinci utilizó el dibujo como parte de su proceso creativo y científico. Un excelente ejemplo de las líneas combinadas entre arte y ciencia es el *Hombre de Vitruvio* de Leonardo. Dibujado con tinta sobre papel, este trabajo representa una forma masculina humana desnuda en dos posiciones superpuestas una sobre la otra. Alrededor de la figura, Leonardo escribió notas que comparaban la estructura ideal del hombre con las leyes arquitectónicas descritas por el arquitecto romano del siglo I a. C., Vitruvio. Tanto el arquitecto como su futuro seguidor utilizaron el cuerpo humano para tratar de encontrar una simetría geométrica perfecta que pudiera duplicarse en estructuras artificiales.

Como pintor, las obras más famosas de Leonardo incluyen la *Mona Lisa* y *La Última Cena*, que aun hoy todavía se conocen en casi cualquier parte del mundo. Aunque cuando pensamos en da Vinci solo nos vienen a la mente unas pocas pinturas, fue a través de ella que se ganó la vida y su reputación como un maravilloso artista. Sus figuras eran meticulosas y bonitas, modernas en términos de realismo y bastante reconocibles como de su autoría. Fuera del retrato por encargo, las pinturas y bocetos de da Vinci representaban escenas bíblicas que a menudo incluían a Jesús. Gran parte de su trabajo fue relativamente pequeño, con la obvia excepción del trabajo mural. Incluso la *Mona Lisa* mide solo 77 x 53 centímetros (aproximadamente 30 x 21 pulgadas).

Es en las páginas de muchos diarios de da Vinci donde encontramos la esencia del hombre. Una mirada superficial a más de 13.000 páginas de bocetos y notas sobrevivientes muestra cómo Leonardo a menudo mantenía sus registros en letra cursiva inclinada hacia atrás, escrita de derecha a izquierda. Aunque esto puede parecer bastante desconcertante, en realidad es un rasgo común compartido por las personas zurdas, entre las que se incluye Leonardo. Entre los diseños que se encuentran garabateados en esos cuadernos se encuentran zapatos para caminar sobre el agua, una máquina voladora, un traje de buceo, un paracaídas, una ballesta y un anemómetro, un dispositivo que mide la velocidad del viento.

Solía dibujar cada dispositivo que imaginaba, exponiéndolo geométricamente como en un plano de ingeniería. Las páginas también muestran su pasión por las bellas artes en los múltiples rostros humanos y dibujos de pájaros en vuelo. Claramente da Vinci estaba muy interesado en la anatomía, ya que se relacionaba con las ciencias de la medicina y el dibujo, tanto que usaba cadáveres para aprender las diversas partes del cuerpo. A través de la disección de los muertos, da Vinci llegó a comprender mejor las fuerzas que mantienen vivos a los humanos y las que los privan de la vida.

Da Vinci escribió sobre un encuentro que tuvo con un hombre de unos 100 años en un hospital de Florencia. El anciano le dijo a Da Vinci que se sentía perfectamente bien y con buena salud, y que, a excepción de una debilidad general, realmente no se sentía diferente de lo que se sentía cuando era un hombre mucho más joven. "Y así, sin ningún movimiento o signo de ningún accidente, dejó esta vida. Y lo diseccioné para ver la causa de una muerte tan dulce".

Se estima que Leonardo da Vinci durante su vida diseccionó al menos treinta cadáveres con la esperanza de conocer los secretos de la vida y los componentes básicos de la anatomía humana. Sus cuadernos están llenos de algunas de las primeras ilustraciones médicas del mundo, completas con notas personales que describen las partes de cada cadáver. Estas siguen siendo algunas de las ilustraciones anatómicas de más alta calidad en la industria. Los expertos argumentan que quizás el gran da Vinci debe ser recordado por esto en lugar de simplemente por un pequeño retrato de una misteriosa mujer.

Capítulo 11 - Miguel Ángel

El siglo XVI trajo a la escena otro erudito italiano, este con el nombre de Michelangelo di Lodovico Buonarroti Simoni. Más conocido simplemente como Miguel Ángel, este hombre podía esgrimir una pluma, una brocha y una regla de arquitecto con la misma fuerza. Al igual que los Medici, la familia de Miguel Ángel ganó su riqueza como banqueros en el siglo XV, pero finalmente, su negocio financiero fracasó y se mudaron fuera de la ciudad. Después de la muerte de su madre, el joven Miguel Ángel se fue a vivir con una niñera y su esposo en la ciudad de Settignano, en Toscana. Allí, a la sombra de su figura paterna, el futuro constructor y escultor, observó y aprendió los secretos de trabajar con mármol.

Aunque se convirtió en un artista talentoso con varios medios, Miguel Ángel trabajó con mármol durante toda su carrera al que favoreció considerablemente. Enviado a una escuela humanista en Florencia, el niño no estaba interesado en la gramática latina y los pergaminos antiguos. Se convirtió en aprendiz de Domenico Ghirlandaio, que a la edad de trece años fue uno de los artistas llamados a pintar las paredes de la Capilla Sixtina. Solo un año después, Ghirlandaio acordó pagarle a Miguel Ángel como artista. A medida que su obra ganaba notoriedad, Miguel Ángel ascendió rápidamente en el mundo cuando Lorenzo de Medici vino a contratar a los dos mejores estudiantes del estudio de Ghirlandaio. Inmediatamente, a la tierna edad de 14 años, Miguel Ángel fue llevado a la academia humanista neoplatónica de los Medici.

Bajo el cuidado de Lorenzo, Miguel Ángel recibió en el palacio una habitación para sí, ropa fina y un generoso salario que la mayoría de los artistas nunca obtendrían por sí mismos. En la nueva escuela, el joven Miguel Ángel desarrolló un ego que lo llevó a tener conflictos con los otros estudiantes. Sentía que su trabajo era superior al de sus compañeros, y su actitud resultó en una pelea a puñetazos con uno de los otros jóvenes de la academia. Miguel Ángel acabó con la nariz rota, que quedó torcida tras curarse. Humillado por lo que sentía era una fealdad debilitante, el artista se apasionó aún más por alcanzar la perfección en sus piezas.

Después de la muerte de Lorenzo en 1494, Florencia cayó en desorden político. El evangelista Girolamo Savonarola incitó al odio por las artes y, en particular, por las obras de estilo clásico representando desnudos masculinos. Savonarola hacía hogueras periódicas de las vanidades en las que él y sus seguidores apilaban artículos de lujo y obras de arte consideradas inapropiadas y las quemaban. Libros, poemas y pinturas de valor incalculable fueron destruidos, junto con espejos, ropa lujosa y cualquier cosa considerada de naturaleza vanidosa, abiertamente sexual o herética.

Miguel Ángel entró en conflicto por el ataque a la retórica anticlásica. Era un católico fiel pero también un artista cuya inspiración principal provenía de las obras paganas griegas y romanas. Sin saber qué más hacer, dejó Florencia y se fue a Venecia durante un tiempo antes de encontrar un encargo para la escultura angelical en Bolonia. Cuando terminó el trabajo, regresó a Florencia, pobre y desesperado por vender algo rápidamente. Se le ocurrió que el dinero se podía encontrar más fácilmente no en nuevas obras de arte, sino en antigüedades, por lo cual usó su talento para crear hermosas obras de estilo clásico que podía hacer pasar como pertenecientes al período romano o griego temprano.

La primera falsificación que produjo Miguel Ángel fue la de un querubín dormido de mármol. Una vez que la forma fue tallada y perfeccionada, el artista la enterró y probablemente empleó varias técnicas para hacer que la estatua pareciera muy antigua, de al menos 1000 años. Satisfecho, lo llevó a un comerciante de arte y encontró un comprador. La estatua la compró un importante cardenal romano que inmediatamente convocó a Miguel Ángel a Roma para una reunión.

Comprensiblemente nervioso, el artista le preguntó si podía recuperar la estatua si le devolvía el dinero. No obstante, el cardenal Riario rechazó la oferta, explicándole que sabía que el querubín era falso no porque no pareciera antiguo, sino porque la pose era demasiado moderna. Miguel Ángel había puesto demasiado de su propia perspectiva en el trabajo para crear una falsificación convincente; en lugar de ser castigado, le ofrecieron un encargo. El cardenal Riario quería para su colección una nueva escultura, elegida por el artista mismo.

Una vez más, la personalidad artística de Miguel Ángel lo metió en problemas. Creó una obra con una gran semejanza al dios Baco, patrono romano del vino, aparentemente desequilibrado y evidentemente ebrio. Una vez más, a primera vista, la escultura parecía ser una auténtica pieza de arte clásico, pero la falta de decoro de la figura se veía totalmente insultante para un mecenas de esa posición. Riario se negó a comprar la estatua. El artista la vendió a Jacopo Galli, el banquero del cardenal.

A pesar del casi desastre de su trabajo con *Baco*, el nombre de Miguel Ángel se hizo más popular. Recibió más y más encargos y comenzó a ir él mismo a la cantera de mármol para elegir la piedra. Sin embargo, sería su próximo empleador quien elegiría el bloque gigante del que formaría su estatua más famosa: el *David*. El *David* no fue una hazaña menor, y Miguel Ángel agonizaba con cada detalle. Decidido a entender exactamente cada parte de la anatomía, se metió en la morgue de la iglesia y diseccionó a un hombre muerto para entender mejor los tendones, músculos, huesos y la grasa debajo de la superficie de la piel. David, una humilde figura de la historia bíblica que enfrentó a un gigante, fue encargado por la República de Florencia y se exhibió con orgullo en la plaza principal. La estatua llegó a representar los principios florentinos del humanismo, el republicanismo y la libertad artística y literaria.

En 1508, se le encargó a Miguel Ángel uno de los trabajos más grandes: el techo de la Capilla Sixtina en la Ciudad del Vaticano. Su pintura igualaba a su escultura en talento y realismo, y el período de cuatro años que le llevó completar el trabajo solidificó la reputación del artista como una de las grandes mentes del Renacimiento. Finalmente, Miguel Ángel tuvo los elogios y la fama que había deseado desde que estudiara en la academia de Lorenzo de Medici. A los 88 años, murió en Roma y fue enterrado en Florencia.

Capítulo 12 - Copérnico

Con el advenimiento de las ciencias complejas y las matemáticas, las personas educadas en todas partes querían descubrir los secretos del cielo nocturno. Aunque la Iglesia católica a menudo desconfiaba de la práctica de mirar de cerca lo que se consideraba eran creaciones privadas de Dios, el fenómeno de la astronomía era simplemente demasiado emocionante para mantenerlo oculto de observadores como Nicolás Copérnico. Nacido en la Prusia Real, una región del Reino de Polonia, en 1473, Copérnico pasó gran parte de su vida tratando de entender los caminos de las estrellas en el cielo, introduciendo la teoría rupturista de la fe de que la Tierra no era el centro del universo, sino el sol.

Esto iba en contra de lo que toda la gente educada en ese momento había aprendido sobre el modelo del universo creado por Ptolomeo en el siglo II EC. Basado en la afirmación de Aristóteles de que la Tierra era un objeto estacionario alrededor del cual se movían los cuerpos celestes que eran la luna y las estrellas, Ptolomeo elaboró un modelo de este sistema que describía caminos perfectamente circulares para el sol y la luna con la Tierra en el centro. Fuertemente comprometido con la ciencia y filosofía clásicas, el Renacimiento europeo no puso fácil el convencer de que un griego de renombre podía estar equivocado.

En gran medida debido al egocentrismo de la humanidad y al hecho de que la Biblia católica se refiere a la Tierra como el centro de todas las cosas, las teorías astronómicas hasta ese momento suponían que el sol, la luna, los planetas y las estrellas viajaban alrededor de la Tierra de acuerdo con las descripciones de Aristóteles y Ptolomeo. Se crearon muchas cartas y modelos científicos confusos para tratar de explicar los patrones que cada cuerpo celeste hacía en el cielo desde este punto de vista, cada uno con nudos de confusión destinados a explicar el movimiento hacia atrás o retrógrado de algunas estrellas. Para Copérnico, parecía haber una explicación diferente para cada patrón: la Tierra misma se estaba moviendo, quizás incluso girando. Su solución era elocuente y simple, justo lo que buscaban los científicos naturales de entonces y lo hacen hoy.

En 1532, Copérnico terminó su primer borrador completo de *De Revolutionibus Orbium Coelestium*, en español, *Sobre las Revoluciones de las Esferas Celestiales*, pero no lo hizo imprimir. En cambio, ya familiarizado con la aversión de la Iglesia por su tema, simplemente compartió la versión manuscrita con personas en las que confiaba. En algunos círculos, se habló de la teoría, pero permaneció independiente hasta que un alumno del astrónomo lo convenció para enviarla a Alemania para su impresión. No se publicó hasta 1543, el mismo año en que Copérnico murió a la edad de 70 años. El libro estaba dedicado diplomáticamente al papa Pablo III. El científico además suplicó que su trabajo se encuadrara en el contexto del catolicismo con la esperanza de que se lo tomara en serio (como se le cita en *Polonia: El Caballero Entre las Naciones*):

> Conocer las poderosas obras de Dios, comprender su sabiduría, majestad y poder; para apreciar, en grado, el maravilloso funcionamiento de sus leyes, seguramente todo esto debe ser un modo agradable y aceptable de adoración al Altísimo, a quien la ignorancia no puede estar más agradecida que el conocimiento.

Los comentarios aduladores poco bien trajeron. Incluso Martin Lutero, líder de la nueva y más humanista religión, solo vio blasfemia en las páginas de las *Esferas Celestiales*.

En lo que respecta a Nicolás Copérnico, los restos de uno de los científicos más grandes de Polonia y de todo el mundo fueron enterrados en una tumba sin nombre en la catedral de Frombork, perdidos hasta 2005. Los científicos genetistas ayudaron a identificar los huesos descubiertos de su consumado colega comparando el ADN de la tumba con los pelos que quedaban en los libros de Copérnico. Los huesos del erudito fueron bendecidos por los clérigos de Polonia y enterrados reverentemente, marcados con una piedra de granito negro adornada con un modelo del sistema solar.

Capítulo 13 - La Reforma

Mientras desde Italia hasta Irlanda se discutían nuevas ideologías humanistas, la filosofía religiosa comenzó a evolucionar en pequeños bolsones de Europa. Los librepensadores educados que estudiaban textos religiosos muy de cerca se preguntaban si tal vez no habría secciones de los evangelios católicos que hubieran sido mal interpretadas o traducidas erróneamente del griego original. Uno de esos hombres fue Martin Lutero, nacido en el condado de Mansfeld dentro del Sacro Imperio romano. La creencia personal de Lutero de que la salvación de Dios podía lograrse por medios distintos a los profesados en la Biblia fue una idea revolucionaria, pero fue captada rápidamente. En 1517, Lutero publicó la Disputa Sobre el Poder de las Indulgencias, que lo convirtió rápidamente en enemigo del Sacro Imperio romano y del papa León X (nacido Giovanni di Lorenzo de Medici). Los continuos escritos de Lutero enfurecieron a los más devotos de la Europa católica.

El Primer Mandamiento

No debes tener otros dioses.

Es decir, Yo debo ser tu único Dios.

Pregunta: ¿Qué significa este dicho? ¿Cómo debemos entenderlo? ¿Qué significa tener un dios? ¿Quién es Dios?

> Respuesta: Tener un dios significa esto: esperas recibir todas las cosas buenas de ello y recurrir a él en cada momento de problemas. Sí, tener un dios significa confiar y creer en Él con todo tu corazón. A menudo he dicho que solo la confianza y la fe del corazón pueden hacer un Dios o un ídolo. Si tu fe y confianza son verdaderas, también tienes al Dios verdadero. Por otro lado, allí donde la confianza es falsa, es malvada, allí tampoco tendrás al Dios verdadero. La fe y Dios viven juntos. Te digo, en lo que sea que pongas tu corazón y en el que confíes es realmente tu dios.

Después de escribir su argumentación para un mejor trato de la humanidad durante sus vidas, en lugar de esperar recompensas en el más allá, Lutero supuestamente clavó su documento en la puerta de una Iglesia católica. Además, su libro *Indulgencias* atacaba una premisa básica de la Iglesia contemporánea, que es el pago a cambio de la remoción de los pecados. Era una práctica común y, por supuesto, dado que estaba involucrado dinero real, solo los ricos podían permitirse acortar su tiempo en el purgatorio. Cincuenta años después, el papa Pío V legalizó la venta de indulgencias, pero eso no es todo lo que Lutero tenía que decir sobre el estado de la Iglesia. El principal argumento de Lutero contra el catolicismo era que exigía a sus seguidores que aceptaran las traducciones e interpretaciones bíblicas que les daban sus clérigos designados. ¿Por qué no permitir que la gente común lea las palabras por sí misma y encuentre su verdad en los evangelios? argumentaba Lutero. Fue esta premisa la que capturó las ideologías humanistas de la época e inspiró a la gente de toda Europa a mirar más allá de la doctrina de los obispos y sacerdotes y descubrir la religión en sus propios términos. Las ideas de Lutero se implementaron por primera vez en las débiles posesiones del Sacro Imperio romano y sus satélites.

Durante gran parte de la Edad Media, la Austria moderna fue la entidad política conocida como el Ducado de Baviera, que fuera subsumida por el Sacro Imperio romano. Este fue también el caso de varias secciones de la Alemania moderna, Italia y Eslovenia. Estas áreas no eran dirigidas centralmente por el Sacro Imperio romano, sino administradas por miembros de la familia de la poderosa Casa de los Habsburgo. Esta organización política condujo a ducados en gran parte independientes que pueden haber seguido o no la doctrina del Sacro Imperio romano al pie de la letra. Fue en muchas de estas regiones donde la reforma religiosa comenzó a establecerse.

Con Carlos V, Casa de los Habsburgo, nombrado emperador del Sacro Imperio romano en 1519, los rincones del imperio simpatizantes del protestantismo fueron objeto de un escrutinio minucioso. Aunque la administración de los ducados estaba en manos de su familia, Carlos V sabía perfectamente que no se podía confiar en todos para hacer cumplir el cristianismo. En particular, el problema no era tanto que unos pocos Habsburgo alejados creían en la religión protestante, sino que adoptaron una actitud laxa con respecto a los príncipes alemanes. Simplemente de una forma u otra, a los familiares de Carlos no les importaba si sus regiones practicaban el catolicismo al pie de la letra siempre y cuándo pagaran sus impuestos. Esto hizo que gran parte del vasto Sacro Imperio romano fuera un terreno fértil para las nuevas ideas y un nuevo liderazgo.

Durante este período, Lutero no fue el único defensor de un sistema no católico. Sus colegas, Juan Calvino y Ulrich Zwingli, también predicaron contra el dominio absoluto del catolicismo, optando por impartir su propia interpretación de los Evangelios a los seguidores cristianos. Los detalles del luteranismo, el calvinismo y el zwinglismo varían y, a veces, fueron puntos de discordia incluso entre protestantes, pero todos fueron estímulos para la Reforma en su conjunto, y cada uno jugó un papel importante en el cambiante tejido religioso del continente.

El primer ducado que se convirtió oficialmente al luteranismo no fue una posesión de los Habsburgo, sino de la línea Hohenzollern. Alberto Hohenzollern se convirtió al luteranismo a principios del siglo XVI y estableció la iglesia en su jurisdicción, el Ducado de

Prusia, en 1525. Fue el primer estado luterano en Europa, seguido pronto por las jurisdicciones del hermano de Alberto, Jorge, los Ducados de Silesia y Franconia. Juntos, los duques de Hohenzollern y sus suegros escandinavos mostraron el potencial del luteranismo al resto de Europa, para entonces aún defendido por el mismo Martin Lutero. Bajo el dominio de los holgazanes o descapitalizados Habsburgo, los ducados de Wurttemberg y Pomerania pronto hicieron lo mismo.

La conversión al luteranismo les dio a los duques locales y a los terratenientes regionales la oportunidad de deshacerse de los grilletes oficiales del paisaje político decretado por los católicos y reclamar para sí mismos las tierras que administraban. Políticamente hablando, las regiones en cuestión sufrirían décadas de tira y afloja autoritaria, pero la nueva religión se mantuvo bastante firme. A finales del siglo XVI, gran parte de la Alemania moderna y Suiza eran protestantes, así como Suecia, Dinamarca, los Países Bajos, Inglaterra, Irlanda y Escocia.

En España, Francia, Portugal y el resto del Sacro Imperio romano, aún reinaban el catolicismo y la Inquisición.

Capítulo 14 - La Inquisición Española y el Renacimiento

En la baja Edad Media, España era una especie de mosaico político, conformado por los reinos de Navarra, Castilla, Aragón, León, Galicia y múltiples estados catalanes. Gran parte de la mitad sur de la España y Portugal modernas, en ese momento estaban habitadas y gobernadas por musulmanes. Durante siglos, los católicos y los musulmanes lucharon por el control de toda la región y, finalmente, los monarcas católicos salieron victoriosos a fines del siglo XV. En 1469, el matrimonio de la reina Isabel de Castilla y el rey Fernando II de Aragón marcó el comienzo de la eventual unificación de España y la intensificación del fervor católico en toda la península ibérica.

Después de arrebatar exitosamente el control del último dominio islámico, Granada, dentro de Iberia, Isabel y Fernando estaban más decididos que nunca a crear el reino cristiano más devoto del mundo. Ahora que su campaña militar principal había terminado, en 1478 volcaron sus energías hacia el desarrollo del Tribunal del Santo Oficio de la Inquisición. Comenzaron ordenando a todas las personas en Castilla a que se convirtieran inmediatamente al catolicismo o abandonaran el reino por completo. Al menos 40.000 personas decidieron irse, principalmente a Portugal o al norte de África. Una vez que los judíos y musulmanes del reino se hubieron convertido, los espías y la policía secreta al servicio del rey y la reina buscaron señales de que los cristianos recién bautizados todavía practicaran sus creencias originales.

A pesar de su fama histórica, la Inquisición española no fue la primera de su tipo, ni la única Inquisición regional en la Europa católica. El programa renovado que fue lanzado por Fernando e Isabel fue en realidad un reemplazo de lo que vieron como un sistema ineficiente y anticuado de vigilancia de la fe. Iniciada en el siglo XII, la Inquisición tenía sedes en Roma, Florencia, Venecia, Portugal y Francia. En el siglo XV, las sedes locales de la Inquisición española recibieron recursos renovados para cazar y encontrar miembros de la comunidad que no encajaban en la plantilla religiosa según lo ordenado por la Iglesia.

Después de los de la fe judía, los anglicanos y protestantes fueron los más perseguidos en toda España por los 21 tribunales del Gran Inquisidor. Aunque había relativamente pocos miembros de estas religiones presentes en España, los que fueron derrotados por la Inquisición fueron tratados con dureza. Al menos 100 protestantes fueron quemados vivos bajo el reinado de Felipe II, y estas ejecuciones no solo tuvieron lugar en la España continental: México, Lima y otras posesiones del Nuevo Mundo estaban bajo la misma administración que sus pares coloniales. Más de 1.000 supuestos herejes fueron quemados en toda España y sus colonias antes de finales del siglo XVII, incluidos bígamos, homosexuales, brujas, musulmanes y otros no católicos. A partir de 1609, los musulmanes conversos al catolicismo también fueron desalojados de España en masa.

Aunque la reforma filosófica y religiosa no estaba en los planes para España, se puede decir que el reino de Isabel y Fernando realmente se unió al Renacimiento justo antes de finales del siglo XVI. Gracias al poder político que la monarquía ganó para sí mediante prudentes guerras, matrimonios y expediciones navales, gran parte del reino español logró suficiente estabilidad económica para dedicarse a la literatura y las bellas artes. El libro de Antonio de Nebrija, *Gramática de la Lengua Castellana*, fue un punto de inflexión lingüística para toda España, describiendo las reglas y usos del lenguaje común del reino. Fue el primer libro de este tipo en una lengua de Europa occidental además del latín, y su creación significó que los gobernantes españoles no solo podían usar su contenido para enseñar a las naciones conquistadas a hablar como los españoles, sino que se podía esperar que todos los principados existentes del país unificado se comunicaran en el mismo idioma. El castellano se percibió como uno de los idiomas más importantes que se hablaban en el reino, el utilizado por los más educados y ricos de la nación. Funcionó tan bien que hoy el idioma se conoce simplemente como español.

El humanismo, tal vez en una forma más leve que en otras partes del continente, encontró su camino a través de las fronteras españolas para arraigarse en las mentes de los filósofos y científicos de la época, inspirando la creación de la Escuela de Salamanca. Al darse cuenta de que el catolicismo estaba siendo atacado por grandes pensadores y escritores de toda Europa, Francisco de Vitoria ayudó a fundar la escuela para que él y otros intelectuales españoles pudieran encontrar su lugar en el mundo. Vitoria y sus colegas seguían las enseñanzas del italiano Tomás de Aquino, un sacerdote católico y un teólogo influyente de la época.

En su mayoría no estaban dispuestos a considerar una existencia fuera del catolicismo, Aquino, Vitoria y los filósofos españoles consideraban el humanismo como directamente relacionado con los derechos de la humanidad misma. Decidieron que, dado que los hombres eran una parte natural del mundo, todos nacían con los mismos derechos y libertades fundamentales que los demás, al menos en teoría, si no en la práctica. Incluso después de haber intentado permanecer dentro de los límites del catolicismo, los salamanquinos se toparon con una filosofía que chocaba de frente creando un conflicto inevitable con la Iglesia. Según la ley española, ninguna persona no católica tenía derecho a poseer tierras, casarse o incluso vivir en España.

Sin embargo, Isabel y Fernando sintieron que la limpieza religiosa de sus reinos era la mejor manera de unir a toda España bajo sus coronas. Llamados "Los Reyes Católicos" por el resto de Europa, su reinado se considera el comienzo de la nación española. Dedicados a una falla, los monarcas de Castilla y Aragón establecieron su Inquisición para reemplazar lo que veían como un sistema de castigo perimido e ineficaz para blasfemos y herejes. Declararon a todos los ciudadanos de España católicos y con el apoyo del papado se convirtieron en la pareja más poderosa de Europa. Todos, incluidos enemigos como Inglaterra, querían aliarse con ellos.

Después de la muerte de Fernando e Isabel, su nieto Carlos V, un Habsburgo, heredó el nuevo Reino español, junto con el Sacro Imperio romano y el Reino de Italia. El monarca más poderoso de toda la Europa cristiana, Carlos, se encontraba siempre en guerra en Italia y perseguido por el progreso del protestantismo en sus tierras periféricas. Sin embargo, como era común en el carácter de los Habsburgo, Carlos V fue un mecenas de las artes españolas, permitiendo durante su gobierno el afortunado crecimiento de la música, la literatura y la pintura. Pedro Calderón y Lope de Vega escribieron guiones para el floreciente teatro y la ópera española, mientras que Tomás Luis de Victoria componía música vocal clásica como una banda sonora de la época. Palacios herrerianos y de estilo barroco adornaban los paisajes urbanos de Valladolid, Barcelona y Madrid, mientras que se construían grandes catedrales con cúpulas en continuo honor de la fe católica.

El siglo que comienza en 1492 se llama Siglo de Oro de España, o la Edad de Oro. Comenzó bajo el estricto gobierno de Isabel y Fernando antes de pasar a Carlos V y finalmente a Felipe II, quien murió en 1598.

Capítulo 15 - Francia y las Guerras Religiosas

Sufriendo intensamente por la peste negra, Francia llegó relativamente tarde al Renacimiento, mientras que Italia y otros países ejercitaban sus habilidades artísticas y filosóficas. Algunos historiadores marcan su comienzo con la invasión francesa de Italia en 1494, y aunque este punto de partida es muy controvertido, es cierto que el arte y la cultura francesa florecieron más notablemente durante los siglos XVI y XVII. Quizás sea algo irónico que el término "renacimiento" sea una palabra francesa utilizada por el historiador francés del siglo XIX, Jules Michelet, para etiquetar el período al cual la misma Francia tardó en unirse.

Los grandes logros de Francia durante este período fueron muchos, desde filosofías políticas nacionalistas y música texturizada de estilo borgoñón hasta jardines esculpidos e historias cortas, pero quizás sobre todas estas cosas, la arquitectura renacentista francesa es la que sobresale. Es dentro de las fronteras de una nación que una vez abarcó a los ducados de Aquitania, Bretaña, Normandía, Flandes y los condados de Toulouse, Champagne y Flandes, entre otros, donde el epítome de los castillos de cuentos de hadas alcanzó su mayor altura. En un momento en el que el reino francés estaba mayormente consolidado, las residencias de los nobles ya no necesariamente debían construirse como fortalezas.

Irónicamente, los ciudadanos de una Francia políticamente unida estaban en guerra unos con otros por la forma correcta de la cristiandad. Los franceses católicos identificaban a sus hermanos protestantes y vecinos hugonotes y los perseguían violentamente en nombre de Dios. Mientras tanto, la corona buscaba cosas más atractivas, como castillos elegantes y exuberantes paisajes.

Durante el siglo XVI, la arquitectura renacentista francesa fue una copia exacta de la de los contemporáneos italianos. El robo estilístico ocurrió después de que el rey francés Carlos VIII enviara tropas a Nápoles, buscando desalojar al ejército español y reclamar la ciudad para sí. En última instancia, Carlos fue expulsado, pero no antes de que tuviera la oportunidad de admirar todos los impresionantes nuevos edificios y jardines paisajísticos de Nápoles. El rey tampoco se fue a su casa con las manos vacías: se llevó con él a Francia a veinte artesanos italianos, con la intención de remodelar su castillo de Amboise. El proyecto se llevó a cabo solo tres años después de que Carlos ordenara la remodelación gótica del mismo castillo. Domenico da Cortona y Fra Giocondo fueron los arquitectos constructores italianos responsables del nuevo diseño. A Pacello da Mercogliano se le dio rienda suelta sobre los jardines para que el castillo fuera recreado en todo su esplendor italiano justo a tiempo para que el rey muriera allí en 1498.

Amboise se convirtió en un faro con el que se comparaba gran parte de la arquitectura futura de París. Leonardo da Vinci fue invitado al castillo en 1516 por el rey Francisco I, y los eruditos durante los tres años restantes de su vida vivieron y trabajaron en el Castillo Clos Luce, conectado a Amboise a través de un túnel. Tanto el estilo de construcción italiano como el dominio italiano de las artes y la ingeniería causaron una impresión duradera en la capital francesa que ayudaría a inspirar a sus artistas residentes y grandes pensadores.

Nuevas ideas que se trasladaron del este, de talentos de la talla de Da Vinci, Da Cortona y Giocondo que pusieron a los humanistas franceses en una posición incómoda, dado que compartían una significativa frontera con el Imperio de los Habsburgo. Influenciada por el protestantismo, la retórica anticatólica y una ola de ciencias seculares, manteniendo simultáneamente la paz con una nación de católicos fervientes e inquisidores, Francia no se atrevió a tomar partido por ninguna de las partes. Señores y filósofos vieron con horror cómo la ola de luteranismo y calvinismo inundaba sus caminos, abrumando a Inglaterra en el oeste y enfureciendo al Imperio de los Habsburgo en el este. Para el parlamentario Jean Bodin (1530-1596), la lucha entre la tradición y la nueva religión se parecía a sus pensamientos íntimos sobre el tema. Las guerras religiosas que asolaron el Reino de Francia entre 1562 y 1598 pesaron fuertemente sobre la nación, y las mentes iluminadas que de otro modo podrían haber elegido un bando pensaron que mejor era buscar la paz nacional.

Un verdadero hombre del Renacimiento, Bodin estudió derecho romano en la Universidad de Toulouse antes de enseñar en su alma mater. Permaneció en la escuela a lo largo de la década de 1550 e intentó obtener apoyo para un departamento de aprendizaje humanista, pero fracasó antes de abandonar la universidad en 1560. Acabando con la enseñanza, Bodin trabajó estrechamente con la familia real Valois y se desempeñó como miembro del Parlamento y delegado del Tercer Estado (la gente común). Su papel político fue esencialmente el de un orador político y asesor dentro del Parlamento de la corona.

Bodin favoreció una monarquía fuerte por encima de las nuevas religiones y gobiernos divisionistas creados bajo el protestantismo. Aunque estaba de acuerdo con la idea luterana de que una iglesia no debería tener poder sobre el gobierno o su rey, no le gustaba fuerza tal que pudiera sacudir los cimientos del nacionalismo y amenazar al estado por completo, como sucedió cuando la Francia católica atacó a los hugonotes. Bodin creía en una Francia fuerte y unificada, y en todo caso, prefería que la corona tuviera más poder para sofocar la violencia en lugar de tambalearse bajo el peso de posibles reformas religiosas.

Bastante conservador en comparación con sus pares humanistas del este, Bodin junto con sus colegas miembros del Parlamento prestaron juramento formal a la Iglesia católica. En retrospectiva, había pocas opciones para Bodin o cualquiera de sus colegas. Sin embargo, es probable que para él personalmente la religión no fuera prioritaria en su toma de decisiones. Cuando fue enviado a Inglaterra con el príncipe Francisco en 1581, optó por no pedirle a la reina inglesa Isabel I que les ofreciera un mejor trato a sus súbditos católicos. Edmund Campion, un sacerdote católico inglés, fue encarcelado y ejecutado por hacer servicios ilegales no anglicanos mientras Bodin estuvo en el extranjero en la corte de Isabel. Después de que ahorcaran a Campion, el diplomático francés escribió una carta pública pidiendo que se detuviera el castigo violento en respuesta a asuntos religiosos. Ciertamente había visto suficientes actos de este tipo en su país.

En su país, las guerras religiosas cobraron impulso bajo el liderazgo de la regencia de la reina Catalina de Medici. Después de la muerte de su hijo, Francisco II, en 1560, la reina italiana llegó al poder ya que el hijo que le quedaba tenía solo diez años. En general, Francia no estaba contenta con un monarca extranjero y estaba particularmente preocupada por saber si Catalina trataría de obligarlos a convertirse a la religión católica de su Florencia natal. De hecho, parecía que la corona francesa quería lograr la paz entre las dos facciones religiosas dentro de su reino cuando la reina Catalina y su hijo, el rey Carlos IX, organizaron la boda en la fe mixta de la princesa francesa Margarita de Valois con el protestante Enrique III de Navarra.

La boda resultó ser un complot asesino, ya que cuando París estaba llena de importantes hugonotes que habían asistido a la boda el 18 de agosto de 1572, el rey Carlos IX ordenó que todos fueran ejecutados. La masacre comenzó la noche anterior al Día de San Bartolomé y continuó durante días, irradiándose de la ciudad hacia las aldeas más pequeñas que se encuentran en la periferia de la capital. Incluso se ordenó que un favorito del rey, el almirante hugonote de Coligny, fuera abatido sin piedad. El almirante escapó del primer intento de asesinato, pero cayó durante la violencia más extendida de los días posteriores.

Los líderes protestantes de la época, incluido Coligny, habían llegado a tener una gran desconfianza en la reina Catalina, que no permitiría que su hijo hablara en privado con sus amigos hugonotes. Se sabía que poseía la mayor parte del poder de la Corona a pesar de que su hijo tenía más de veinte años, y se cree ampliamente que Catalina fue la mente maestra detrás de la boda y la desenfrenada violencia posterior del París católico, lo cual parece muy probable, particularmente debido a los ataques flagrantes a Coligny, a quien el rey probablemente hubiera querido evitarle la muerte. Incluso un sacerdote católico les dijo a sus seguidores durante la contienda que, si el rey ordenaba que los protestantes murieran, entonces era su deber cumplir esos deseos.

Cuando terminó la violencia, casi todos los líderes protestantes de Francia estaban muertos o escondidos, y no había más ilusión sobre el futuro de la causa hugonote. Sin embargo, curiosamente, Margarita decidió distanciarse de sus raíces católicas y siguió la causa de su nuevo esposo, Enrique III de Navarra. Lo hizo con delicadeza y sin provocar un gran cisma familiar, lo que irónicamente hizo que la boda interreligiosa, aunque las celebraciones fueran un desastre, fuera un éxito pacífico. Enrique III, ahora conocido como Enrique IV se convirtió en rey de Francia en 1589, el primero de la Casa de Borbón.

Margarita era una mujer poderosa y autoritaria como su madre, pero no se daba a intrigas y manipulaciones como se la recuerda a Catalina de Medici. De hecho, Margarita parece haber tenido maneras más mesuradas y afables que no socavaron su liderazgo político y religioso.

Capítulo 16 – Arte y Política en la Europa del Renacimiento

En la Edad Media y el Renacimiento, los Países Bajos aún no habían llegado a tener existencia política. En cambio, diecisiete provincias, denominadas Países Bajos, permanecían en un estado constante de opresión económica y militar por parte de uno de sus vecinos más poderosos. Aliados con Borgoña, luego con España, y eventualmente con Inglaterra, los artistas y arquitectos de Holanda recibieron fondos suficientes para liderar el continente en el uso de pinturas al óleo y el desarrollo estilístico de la pintura misma. La corte de Borgoña a menudo residía en Brujas, y las mercancías de comercio de Francia e Italia pasaban regularmente por la ciudad para atraer a comerciantes, nobles y artistas por igual.

Mientras que los artistas de los Países Bajos lideraron el continente con la pintura al óleo, los músicos de Holanda también hicieron importantes descubrimientos. Usando flautas, flautas dulces, liras, laúdes y diversos instrumentos de metal, los músicos del Renacimiento comenzaron a dar más importancia que sus predecesores al uso de sus instrumentos. Durante el período musical medieval, el enfoque de los intérpretes, escritores y el público se centraba en las voces humanas actuando en armonía. Ahora, se enfocaron más en las cuerdas, los bajos y los vientos de madera. Llegarían a definir la música del Renacimiento para toda Europa.

Así como transformó a la literatura, también la imprenta transformó a la música. Los músicos ya no necesitaban copiar a mano cada composición, ni luchar para trabajar con otros compositores e intérpretes que eran analfabetos musicales. Rápidamente se hizo más fácil enseñar, aprender y compartir canciones, así como mantener registros de las obras de cada compositor individual. Incluso cuando un grupo de músicos tenía problemas para hablar un idioma común, podían reconocer notas y tiempos en papel. La Iglesia contrató a más cantantes, músicos y compositores como nunca gracias a la estabilidad económica, que dio lugar a la práctica de la adquisición de fincas acaudaladas para artistas musicales en la temporada.

Aunque no se la definió específicamente por sus artes, la nación políticamente más poderosa en Europa durante la mayor parte de la era del Renacimiento fue el Sacro Imperio romano. Importante por sus lazos físicos con la antigua Roma y liderado por un emperador coronado por el mismo papa, fue a través de alianzas con el imperio que los reinos y principados más pequeños de Europa ganaron riqueza e influencia. Sin embargo, a medida que la fe protestante se extendía por gran parte de las tierras del imperio y los estados vecinos, el emperador Carlos V se enfrentó a la presión continua de Francia y los ducados para hacer reformas. Bajo su liderazgo, la autoridad del imperio comenzó a menguar seriamente, y el imperio se encontró principalmente en guerra dentro de sus fronteras y en defensa de la fe católica.

En palabras del diplomático, humanista, escritor e historiador florentino Nicolás Maquiavelo, (1469 - 1527), (en italiano, Niccolò di Bernardo dei Machiavelli), "cualquiera que se proponga actuar en toda circunstancia como hombre de bien llegará sin duda a la ruina entre tantos que no son buenos. Por consiguiente, si un príncipe desea mantenerse como tal, debe aprender cómo no ser bueno, y a usar o no usar esta habilidad en la medida que se la requiera". La cita proviene del libro de Maquiavelo, *El Príncipe*, publicado en 1532, y es en gran parte debido a este libro que el término "maquiavélico" se usó para referirse a una figura política astuta y manipuladora. Sus teorías no eran agradables, pero resistieron la prueba del tiempo, recalcando los métodos utilizados por los líderes florentinos y los emperadores del Sacro Imperio romano".

A finales del siglo XV, cuando la familia Medici había caído de su posición de autoridad en Florencia, la familia Maquiavelo tomó el poder para sí. Fue un momento políticamente aterrador en el que los papas católicos y el Sacro Imperio romano intentaron consolidar el poder con los restantes estados italianos de Sicilia y Venecia. Los constantes combates y los matrimonios internacionales entre monarcas y sus familiares definieron el momento. Mientras tanto, Nicolás Maquiavelo reflexionaba sobre los mejores métodos para mantener el control y sacar provecho de su posición.

Nicolás Maquiavelo fue una figura única en el sentido de que sus teorías políticas no eran realistas, es decir, explicaba las tomas de poder históricas y contemporáneas tal como las veía, y simplemente imitó las estrategias exitosas de otros. Sus obras escritas sobre liderazgo no se esforzaron por retratar el liderazgo como un estado humilde y reverente en el que un hombre trabaja para beneficiar a sus súbditos, sino como una posición de manipulación y conquista. Su falta de empatía con las clases bajas y la gente fuera de su familia lo caracterizaron como una figura algo malvada. En verdad, él era un realista y un republicano, tan influenciado por el humanismo como muchos de sus pares.

Aunque parecía estar en un estado de turbulencia política, Florencia seguía siendo líder en artes del Renacimiento durante la época de Maquiavelo. En los siglos XVI y XVII, todas las capitales de Europa florecían, llenas de música, esculturas, pinturas y sus filosofías políticas. Surgió el secularismo en la política, el humanismo permitió a las personas discernir divisiones de clase inequitativas, y los artistas tenían un tema nuevo y grande que imaginar al otro lado del océano Atlántico.

Pasaría mucho tiempo antes de que los artistas profesionales tuvieran la oportunidad de visitar, dibujar, pintar tierras fuera de Europa e interactuar con ellas, pero eso no les impidió visualizarlas. Posiblemente la primera representación europea de las Américas la pintó Pinturicchio, solo para ser olvidada bajo siglos de mugre en su lugar en el Vaticano. Recientemente restaurada por profesionales, se descubrió que la imagen, que aparentemente retrata la resurrección de Jesús, muestra pequeñas personas desnudas en el fondo, adornadas con tocados de plumas.

Era exactamente el tipo de escena que el papa español, Alejandro VI, habría escuchado descritas por los mensajeros del Nuevo Mundo. ¿Qué estaban haciendo las figuras en una representación de un acontecimiento bíblico tan importante? Quizás Pinturicchio estaba demasiado entusiasmado con la idea de una nueva cultura exótica como para evitar que su pincel los coloreara. Su emoción ante la idea fue compartida por ricos y pobres por igual, y de la misma manera que inmediatamente conmovió al mundo del arte, la exploración de mares y tierras lejos de Europa conmovió a la política, la religión y la economía en los siglos venideros.

Capítulo 17 - La Era del Descubrimiento

El siglo XV marcó el comienzo de un período de exploración de trescientos años en el que las naciones europeas colonizaron vastas regiones del mundo exterior. El príncipe de Portugal, también conocido como Enrique el Navegante, navegó por las costas occidental y septentrional de África en busca de nuevas rutas a la India y China, así como nuevos territorios para explorar. La corona española envió sus exploradores, al igual que Francia e Inglaterra, en un intento por convertirse en el imperio más grande y poderoso desde los romanos. Sin embargo, su primer objetivo era el comercio.

En ese momento, las especias, los metales preciosos, el algodón, el trigo y los esclavos eran los bienes más lucrativos en el mercado europeo y la esperanza del capitán de cada barco era encontrar suficientes recursos para financiar las expediciones siguientes y enviar dinero a sus familias. En África, el príncipe Enrique de Portugal comenzó a asentarse en las Azores y Madeira y extendió la influencia de su país a la costa norte de África, estableciendo puertos comerciales donde los mercaderes asiáticos y musulmanes iban a comerciar. Los comerciantes portugueses vendían armas y compraban especias, oro, marfil y pimienta. Algunos comerciantes se especializaron en el intercambio de armas por esclavos, estos últimos capturados por sus mismos compatriotas.

Portugal era un reino que ya estaba constituido con esclavos y, por lo tanto, su clase mercantil pensaba muy poco en intercambiar oro por vidas humanas. De hecho, en 1455, el papa Nicolás V otorgó a Portugal derechos explícitos para continuar con el comercio de esclavos en África occidental, siempre que los comerciantes prometieran convertir a los capturados en católicos. Con el príncipe Enrique a cargo de cada viaje africano, organizaba los viajes para que los cautivos fueran bautizados antes de llevarlos a Lisboa para venderlos. Cuando los criticaron por sus métodos crueles de captura y envío, los traficantes de esclavos afirmaron que todo estaba justificado por el bautismo católico.

El príncipe Enrique murió en 1460, tras haber llevado su reino a la vanguardia de los esfuerzos coloniales europeos y establecido el precedente para la continua trata de esclavos africanos. Para 1490, aproximadamente 2.000 esclavos negros llegaban a Lisboa cada año. Como producto, los esclavos de África occidental demostraron ser más populares que los esclavos del norte de África, en su mayoría marroquíes, que habían sido capturados antes de que los portugueses descubrieran gran parte de la costa de África occidental. Aunque había un puñado de gente negra en Europa antes de que los comerciantes de Portugal entraran en escena, estos viajeros totalmente libres e independientes se vieron abrumados por la afluencia de miles de esclavos que fueron puestos a trabajar en campos y situaciones domésticas. Fue en este punto que la división racial comenzó a establecerse, la piel oscura denotaba una etiqueta de servidumbre sin clase que no comenzaría a sanarse pasados varios siglos.

La expansión empírica de Portugal se centró en adelante principalmente en Guinea y las islas periféricas de África occidental. A principios del siglo XVI, los navegantes portugueses descubrieron el vasto océano Pacífico. El siguiente desarrollo cartográfico significativo, desde una perspectiva europea, ocurrió en 1492 a expensas de la futura gran nación naval: España. Uno de los acontecimientos más importantes del Renacimiento tuvo lugar cuando un explorador italiano llamado Cristoforo Colombo, hoy más conocido como Cristóbal Colón, navegó hacia el oeste y descubrió tierras más allá de las que los europeos habían cartografiado previamente. El descubrimiento de Colombo tuvo varios resultados significativos: más europeos visitarían de inmediato el llamado Nuevo Mundo para trazar mapas y buscar productos vendibles, y tratarían de reclamarlo. La monarquía más significativa en la exploración y colonización temprana de las Américas fue la de España, ya que fue bajo el patrocinio de la reina Isabel de Castilla que se realizó el viaje.

Isabel originalmente había acordado ayudar a financiar la expedición de Colombo con la expectativa de que encontrara una ruta más rápida a la India y, por lo tanto, aumentara las ganancias potenciales de España en el comercio de especias. Cuando ese plan falló, rápidamente vio la promesa de mucho más que un corto viaje a la India: vio un continente completamente nuevo para conducir a la Iglesia católica. Apodada "Isabel la Católica" por el papa mismo, la reina de Castilla creía que Dios la había llamado para salvar las almas de la gente al otro lado del océano Atlántico. Colombo y los exploradores españoles posteriores podrían fácilmente ganarse su favor prometiendo predicar el catolicismo una vez que llegaran a las costas del Nuevo Mundo, con la esperanza de convertir a los nativos.

Colombo y los sucesivos conquistadores españoles hicieron las promesas que debían hacer para encontrar fondos para sus viajes y una vez que salieron de Europa siguieron en gran medida sus propias reglas. El primer asentamiento europeo oficial en las Américas fue la pequeña colonia de La Navidad, fundada por Colombo en nombre de España. En diciembre de 1492 dejó a 39 colonos en lo que es el Haití moderno. Aclamado por los americanos descendientes de europeos como el hombre responsable de cambiar simultáneamente el futuro del Nuevo Mundo y del Viejo Mundo, Colombo realmente fue un hombre independiente, sin compromiso con nadie. Participó en el genocidio de comunidades de pueblos nativos no hostiles, facilitó el comercio de esclavos nativos, incluidas niñas muy jóvenes con fines sexuales, y exigió que gente nativa amistosa le rindieran tributo en forma de oro. Además, Colombo no fue, de hecho, el primer explorador europeo en descubrir parte de las Américas, dado que tripulaciones vikingas ya habían aterrizado y se habían establecido en la moderna Terranova casi 500 años antes.

Para no quedarse rezagado al otro lado del Atlántico, Portugal se movió lo suficientemente pronto como para reclamar el gran pedazo de América del Sur que ahora es Brasil. España luchó por hacer su camino a través de las tierras centrales y meridionales de las Américas, exterminando a los nativos, destruyendo ciudades y estructuras antiguas, y renombrándolas bajo la bandera española. De esta manera, España fundó México, Francia tomó el control de muchas islas del Caribe e Inglaterra y Francia controló gran parte de América del Norte.

Irónicamente, el grueso de los descubrimientos de grandes masas de tierra de América, por parte del marino inglés Henry Hudson, el explorador portugués Ferdinand Magellan (Fernando de Magallanes), y sus contrapartes, fueron el resultado de costosos intentos de llegar a Asia navegando hacia el oeste. En ese momento, los astrónomos y marinos confiaban en que la Tierra era un globo terráqueo, pero la idea de navegar en dirección opuesta al destino final todavía era desagradable para la mayoría. Se necesitó coraje para navegar hacia el oeste a través del Atlántico en busca de India o China, pero una vez que Colombo aterrizó en la isla de San Salvador, otros se sintieron motivados para intentar el mismo viaje.

John Cabot llegó a Terranova en nombre de Inglaterra en 1497; el explorador portugués João Fernandes Lavrador llegó a Terranova y Labrador y las cartografió en 1499; Pedro Álvares Cabral halló Brasil en 1500, nuevamente para Portugal; y en sus ulteriores viajes Colombo mismo encontró Venezuela y Panamá, además de otros lugares del sur.

De hecho, fue una era de descubrimiento, una época en que los reinos europeos más poderosos extendieron sus alas, los navegantes y constructores desarrollaron barcos a vela más robustos, y la gente se dio cuenta de su lugar en el resto del mundo. Los que tenían el dinero y la influencia para hacerlo tomaron lo que querían y plantaron banderas para justificar sus acciones. Para muchas generaciones de europeos renacentistas educados, el mundo físico parecía abrirse junto con los descubrimientos filosóficos, religiosos y científicos vernáculos. Para los habitantes de esas partes del mundo "recién descubiertas", fue un período de enfermedades, incertidumbre política, subyugación y guerra que finalmente condujo a un inmenso auge en la trata de esclavos africanos.

Una vez más, miles de rehenes negros fueron bautizados y despachados lejos de su hogar natal, solo para encontrarse en tierras hostiles bajo la violenta autoridad de quienquiera que hubiera pagado el precio más alto. Los esclavos africanos e indígenas se vieron obligados a seguir las órdenes de sus amos europeos fuertemente armados, consolidando aún más la división percibida en la jerarquía social en relación con la piel pálida u oscura. Incluso cuando España, Inglaterra, Portugal, Francia y otras potencias coloniales construyeron lentamente sus imperios en el extranjero, el estado y la calidad de vida relativa de la gente de piel oscura no mejoró.

Capítulo 18 –Educación de las Mujeres

Incluso antes de la opresión y la explotación de los africanos y los nativos americanos, hubo una faceta de la Europa de la Edad Media que fue excluida repetidamente de la educación superior, independientemente de su edad o riqueza: la alfabetización de las mujeres. Desde las campesinas más pobres hasta las princesas más nobles, a las mujeres se les enseñaba las lecciones más pertinentes para administrar sus hogares, manteniéndolas alejadas de las dilatadas lecciones de alfabetización, filosofía, ciencia y retórica. Las mujeres pobres aprendían de sus madres cómo preparar alimentos, remendar ropa y mantener jardines y ganado, mientras que, a las hijas de terratenientes, miembros de la realeza y familias ricas se les enseñaba una versión diluida de dichas habilidades. Cuando el Renacimiento se apoderó de Europa, la importancia otorgada a la educación superior finalmente comenzó a incluir a más niñas y mujeres.

> No todos los hombres (y especialmente los más sabios) comparten la opinión de que es malo que las mujeres sean educadas. Pero es muy cierto que muchos hombres tontos han

afirmado esto porque les disgustaba que las mujeres supieran más que ellos.

Así escribía Christine de Pizan en su novela del siglo XV, *El Libro de la Ciudad de las Damas*. Fue un libro asombroso que no solo usaba su contenido para hablar por las mujeres, sino que rompía con la tradición simplemente por haber sido escrito por una mujer. Activa como escritora tanto en Italia como en Francia, de Pizan nació en Venecia de un padre erudito que se desempeñaba como médico, concejal y astrólogo de la corte. Christine de Pizan fue una de las pocas mujeres en la alta Edad Media que disfrutó de una educación completa, sin hablar de coger una pluma y poner historias en pergamino.

Encontrándose viuda sin un recurso legal al patrimonio de su marido muerto, de Pizan cuidó de sus hijos vendiendo historias. Era lo suficientemente popular como para llamar la atención de muchos miembros de las cortes veneciana, italiana y francesa, y esta última la apoyó como mecenas. Muy en la misma línea de los pintores de la corte, los músicos y los artistas, los narradores emergentes como De Pizan encontraron un lugar para ellos entre los ricos. De Pizan fue uno de los primeros ejemplos de un fenómeno que se hizo más importante durante los siglos sucesivos del Renacimiento: la profesionalidad femenina.

En la Edad Media, las mujeres de las clases altas y bajas en Europa estaban muy poco representadas en la literatura, la política e incluso en el hogar físico. Las mujeres de familias nobles se mantuvieron bajo estricta vigilancia y se les enseñaba a comportarse de manera silenciosa y respetuosa, manteniendo la casa de su esposo y atendiendo a sus hijos y sirvientes. Aunque esto siguió siendo la norma durante el Renacimiento, hubo muchas más mujeres que antes a las que se les permitió seguir estudios superiores y ocupaciones creativas. Varios ejemplos incluyen nada menos que la realeza de Europa: Catalina de Medici, reina de Francia; María Estuardo, reina de Escocia; y María e Isabel Tudor, así como la mayoría de las esposas del rey Enrique VIII.

Por supuesto, la educación de las mujeres puso a prueba la antigua pregunta: ¿tenían las niñas la misma capacidad intelectual que los niños? Desafortunadamente, entonces, como ahora, los hombres, los que toman las decisiones, dudaban en creer que sus hermanas, esposas y madres oprimidas pudieran soportar las presiones de las matemáticas, la ciencia, la literatura y la gobernanza. En sus escritos, de Pizan rechazó la embestida del patriarcado, específicamente abordando su creencia de que las mentes de las mujeres florecerían bajo una excelente tutoría.

> Si fuera habitual enviar a las niñas a la escuela y enseñarles las mismas asignaturas que se les enseñan a los niños, aprenderían de la misma manera y comprenderían las sutilezas de todas las artes y las ciencias.

Para las mujeres de la realeza, la oportunidad de recibir una educación de primer nivel se volvió casi tan obligatoria como lo era para los hombres de la realeza. Tanto los hijos como las hijas de los poderosos monarcas aprendían de sus tutores, así como de sus padres, los diversos métodos de gobierno y diplomacia para que los reyes pudieran confiar en sus reinas para gobernar durante ausencias prolongadas. Así fue el caso del rey Enrique VIII de Inglaterra y su primera esposa, la reina Catalina de Aragón.

El matrimonio de Enrique y Catalina fue arreglada por sus reales padres para poner fin a la constante lucha política entre sus dos reinos. Catalina, hija de la famosa Isabel y Fernando, creció a la sombra de su valiente, competente y dominante madre. Probablemente como resultado directo de tal parentesco y ejemplo, la reina Catalina se tomaba muy en serio la regencia de Inglaterra cuando su marido real estaba ausente luchando en tierras francesas durante 1513. Con Enrique VIII ausente, el enemigo constante de Inglaterra, los escoceses, aprovecharon la oportunidad para invadir a su vecino del sur. Entre las rápidas administraciones de Catalina y el asesor de su esposo, Lord Surrey, el ejército enemigo fue aplastado y el mismo rey de Escocia murió en batalla. Catalina arregló el envío del abrigo ensangrentado del rey Jacobo IV de Escocia a su esposo en Francia.

La educación de la reina Catalina y su temprana exposición a la estrategia militar a través de su madre y su padre demostraron ser satisfactoria para prepararla a tener éxito en el papel de un hombre. Orgullosa de sus logros en el trono, Catalina se aseguró de que su único hijo, una mujer, María, recibiera una educación tan completa como la de ella. Para facilitar este objetivo, la reina encargó un libro al escritor humanista español Juan Luis Vives titulado *La Educación de una Mujer Cristiana*.

El libro de Vives, subtitulado *Un Manual del Siglo XVI*, cubría varios temas personales relacionados con mujeres jóvenes, solteras, casadas y viudas o casadas dos veces. Estas lecciones explicaban principalmente cómo la dama cristiana ideal de Catalina debería comportarse consigo misma, sus pretendientes y su esposo. Aunque las ciencias estaban en intenso desarrollo dentro de Inglaterra y sus reinos vecinos, ni las mujeres Tudor ni los hombres promedio estaban particularmente presionados para seguir una carrera científica. Más bien, a ambos se los alentaba a desarrollar el conocimiento de la religión y desarrollarse personalmente sobre la filosofía religiosa existente durante toda su vida. Enrique VIII, sus esposas e hijos fueron ávidos filósofos religiosos, particularmente en el tema de la Iglesia de Inglaterra y el protestantismo (con la excepción de María, una católica acérrima como su madre Catalina).

La reina Catalina no solo se ocupó de la educación de su hija, sino que también se convirtió en una fidedigna patrocinadora del Colegio de la Reina en Cambridge, un centro educativo cuyo establecimiento y apoyo pasó por las manos de muchas reinas renacentistas de Inglaterra, de Margarita de Anjou en 1448 a Isabel Woodville en 1465, luego a Margarita Beaufort, madre del rey Enrique Tudor VII después de que concluyera la Guerra de las Rosas en 1485. Aunque su esposo no era un donante habitual de las universidades de Inglaterra, la reina Catalina se aseguró de que Colegio de la Reina no tuviera deudas e incluso puso dinero en el establecimiento Colegio

San Juan, que había sido un deseo muy querido de la fallecida Margarita Beaufort.

Desafortunadamente, aun con el patrocinio femenino real, hasta el siglo XX a las mujeres en general no se les permitió obtener un título universitario. En los siglos anteriores tal vez pudieron asistir a conferencias o seguir clases si tenían el permiso de sus padres o parientes varones; no obstante, las universidades permanecieron bajo el dominio del hombre. Incluso se ha cuestionado si el sexo femenino realmente vivió el Renacimiento europeo.

Capítulo 19 - Galileo Galilei

Una vez más en el Ducado de Florencia, en 1564 apareció un erudito llamado Galileo Galilei. Animado por su padre a asistir a la Universidad de Pisa y unirse al campo de la medicina, el joven Galileo se sintió agobiado por el estudio de los objetos físicos y sus movimientos. Cambió sus estudios a las matemáticas y ciencias naturales y como resultado se convirtió en uno de los astrónomos y físicos más importantes de su tiempo. Quizás su contribución más duradera a la ciencia haya sido el ulterior de una pieza de tecnología existente, el telescopio, transformándola en la herramienta más importante de la astronomía.

Las lentes ya estaban cambiando la forma en que la gente miope e hipermétrope veían el mundo, pero cuando un innovador desconocido se dio cuenta de que dos lentes juntas podían producir un efecto de un aumento exponencial, nació el telescopio. Galileo tomó este conocimiento y diseñó sus propias lentes de cristal, aprendiendo por sí mismo cómo curvar y alinear las lentes de manera ideal para que el efecto de aumento fuera el máximo. Galileo vendió su lupa 8X a los militares, a quienes había convencido de que podría usarla para ver a sus enemigos antes de los vieran a ellos. Sin embargo, para sí, el nuevo diseño tenía un propósito más emocionante: revelar el cielo nocturno. Fue una revelación científica que cambió de inmediato la forma en que Galileo y sus alumnos imaginaban el universo alrededor de su planeta.

Un defensor del modelo heliocéntrico del universo de Copérnico, Galileo utilizó su telescopio modificado para explorar los cuerpos celestes de nuestra galaxia, la Vía Láctea. Primero, enfocó su telescopio hacia la luna y se sorprendió al descubrir que, en lugar de una superficie lisa e impecable, la pequeña bola redonda en el cielo estaba cubierta de cráteres y crestas. Este descubrimiento no encajaba bien con la suposición bíblica de que todos los cuerpos celestes eran estructuras perfectas.

Aún con mayor sorpresa notó las pequeñas estrellas que rodeaban a Júpiter. Después de observar los movimientos de estas pequeñas estrellas durante varias semanas, el astrónomo se dio cuenta de que no eran ni estrellas ni planetas, sino lunas orbitando. Estas eran Io, Europa, Ganímedes y Calisto. El conocimiento de esas cosas era demasiado para mantenerlas para sí mismo, por lo que Galileo publicó en 1610 *Sidereous Nuncius*, o *Mensajero Estelar*, para compartir sus hallazgos con el mundo. Fue una sensación instantánea, invocando elogios simultáneos y llamadas de blasfemia.

En su libro, Galileo no solo explicaba los movimientos de las lunas de Júpiter sino que describía las marcas en nuestra luna. También esbozó la forma cambiante periódica de Venus, cuya sombra transformaba el planeta de un pequeño disco en una gran forma de media luna, un movimiento de luz y sombra solar que ocultaba la órbita solar del planeta. Era una prueba del modelo copernicano del universo.

Las observaciones telescópicas del cielo de Galileo no se detuvieron, aunque sabía perfectamente que estaba bajo el ojo crítico y peligroso de la Inquisición. Usando sus lentes, observó al planeta Saturno y en sus notas guardaba cuidadosos bocetos de su apariencia inusual. Primero creyó que los objetos borrosos a ambos lados de Saturno eran lunas, pero, en definitiva, Galileo no supo qué podían ser los arcos fijos. Se refería a ellos como orejas y se quedó perplejo cuando en 1612 las orejas desaparecieron de la vista solo para regresar en 1613. Recién en 1655 el astrónomo holandés Christiaan Huygens sugeriría que Saturno estaba realmente rodeado por un anillo fijo. Los científicos modernos explican la desaparición de los anillos del planeta en 1612 diciéndonos que la Tierra se había movido al mismo plano del anillo, haciéndolo demasiado delgado para que se viera con el telescopio relativamente débil de Galileo.

La astronomía no era la única ocupación de Galileo fuera de la enseñanza de las matemáticas. Estaba interesado en la física y elaboró varias teorías del movimiento y la gravedad anteriores a las de Newton. También escribió extensamente sobre el tema de las mareas oceánicas, un fenómeno que creía que demostraba que la Tierra estaba en movimiento alrededor del sol. Su teoría era errónea ya que postulaba que el agua actuaba como un péndulo alrededor del núcleo de la Tierra, pero sus observaciones proporcionaron datos detallados para su posterior estudio.

Por supuesto, las teorías científicas y las pruebas, como las que Galileo logró con el uso de su telescopio, no estuvieron exentas de grandes críticas por parte de la Iglesia. Algunos críticos fueron simplemente curiosos, como la Gran Duquesa Cristina de Toscana. Respondiendo a sus preguntas sobre cómo encajaba su trabajo con el conocimiento bíblico, Galileo le escribió para tratar de explicarse.

> Hace algunos años, como bien sabe Su Alteza Serenísima, descubrí en los cielos muchas cosas que no se habían visto antes de nuestra era. La novedad de estas cosas, así como algunas consecuencias que se derivan de ellas en contradicción con las nociones físicas comúnmente sostenidas entre los filósofos académicos, despertaron contra mí un número reducido de profesores, como si yo mismo hubiera colocado estas cosas en el cielo con mis manos para alterar la naturaleza y revocar las ciencias. Parecieron olvidar que el aumento de las verdades conocidas estimula la

investigación, el establecimiento y el crecimiento de las artes; no su disminución o destrucción.

Con el tiempo, el científico fue investigado por la Inquisición romana. El juicio tuvo lugar en 1616 durante el cual el papa Pablo V le pidió formalmente a Galileo que se retractara de su afirmación de que el universo estaba centrado alrededor del sol. Por su integridad física, el astrónomo se retractó y fue absuelto por el tribunal bajo custodia de la Inquisición.

Posteriormente, Galileo tuvo mayor cuidado con las obras que publicaría, pero cuando el papa Urbano VIII llegó al poder en 1623, Galileo estaba eufórico debido al hecho de que los dos estaban en términos amistosos, ya que Urbano previamente había defendido parte de la obra anterior de Galileo. Se comprometió a escribir un libro que fue comisionado expresamente por el nuevo líder católico y, en su entusiasmo, olvidó seguir explícitamente las instrucciones del papa. Urbano VIII le pidió a Galileo que discutiera los puntos a favor y en contra de un universo heliocéntrico y que luego explicara qué teoría él personalmente encontraba más convincente. En cambio, Galileo expuso solo los argumentos que apoyaban la teoría heliocéntrica.

El libro, llamado *Diálogo Sobre los Dos Principales Sistemas del Mundo*, se publicó en 1632, y no fue del agrado del papa. Puede que no haya ayudado que el personaje ficticio del lado del geocentrismo, que según Galileo estaba basado en el autor griego Simplicio, parecía hablar como si fuera el papa. "Simplicio" era entonces, como ahora, fácilmente interpretado como "simplón".

Ese mismo año, Galileo fue llamado de nuevo a Roma para hablar con la Inquisición. Amenazado con la tortura, sostuvo que no había tenido la intención de promover el heliocentrismo en su libro y que solo estaba haciendo lo que le había pedido el papa. No lo encontraron culpable, pero fue declarado sospechoso de herejía y, por lo tanto, condenado a prisión. La sentencia se llevó a cabo al día siguiente, pero se le permitió a Galileo permanecer bajo arresto domiciliario en lugar de llevarlo a una prisión pública. Permaneció secuestrado en su casa por el resto de su vida.

Capítulo 20 – El Renacimiento Inglés Bajo los Tudor

Como los reinos más lejanos al oeste de Italia, al comienzo del Renacimiento, Inglaterra, Irlanda y Escocia se desarrollaron a lo largo de un cronograma ligeramente retrasado en términos de educación superior y reforma religiosa.

Padeciendo una guerra civil opresiva y agotadora de recursos durante gran parte del siglo XV, Inglaterra e Irlanda carecieron de un liderazgo estable hasta 1485, cuando Enrique Tudor derrotó al rey Ricardo III en batalla y se hizo del trono para él y sus descendientes directos.

Bajo 118 años de gobierno de los Tudor, Inglaterra e Irlanda encontraron relativa paz y prosperidad al igual que su vecino cercano, Escocia. El rey Enrique VII, el primero de su línea, consolidó hábilmente su poder casándose dentro de la familia rival y engendrando herederos varones con pura sangre real en sus venas. Envió a nobles leales a los rincones más lejanos del reino para cuidar de los tribunales locales y la justicia y estableció una infraestructura más fuerte en términos de carreteras e impuestos centrales. Para cuando el hijo de Enrique heredó el reino, se había vuelto más rico y poderoso que nunca. En verdad, el Renacimiento inglés comenzó y terminó con el reinado de la dinastía Tudor.

El rey Enrique VIII, que ascendió al trono en 1509 justo antes de cumplir 18 años, tomó sobre sí el legado de su padre y se esforzó por dejar su marca en el reino. Un rey orgulloso y nacionalista, Enrique VIII se desvió de la diplomacia en la que su padre sobresaliera y organizó varias campañas militares continuas en el extranjero. Quería reclamar Francia en nombre del trono inglés, impulsado por la creencia de que era su derecho ancestral. También quería engendrar muchos hijos fuertes, una hazaña en la que falló.

En la década de 1530, cuando conoció a una apasionante y atractiva joven llamada Ana Bolena, Enrique imaginó una forma en la que finalmente podría tener la gran familia que tanto ansiaba, así como llevar a la corte una moda y cultura renovadas. Ana era una de las damas de compañía de la esposa de Enrique, Catalina de Aragón, pero su familia y su naturaleza estaban en desacuerdo con la reina actual. Mientras Ana era una mecenas alegre y juvenil de las artes francesas, Catalina era una compañera de Enrique firme, fiel y más introvertida. Catalina era muy querida por su gente, pero la falta de hijos de la pareja frustraba al rey hasta el punto de querer el divorcio.

Inglaterra, al igual que el resto de Europa occidental, era tradicionalmente católica romana y, por lo tanto, no podía conceder divorcios a matrimonios que se habían realizado y consumado debidamente. Sin embargo, en lo que respecta al rey Enrique VIII, él se hacía cargo de sus asuntos personales. Cuando el papa católico se negó a otorgarle a Enrique el derecho de divorciarse de Catalina de Aragón para poder casarse con Ana Bolena y tener más hijos legítimos, el rey abandonó su fe católica de toda la vida y recurrió a la nueva religión que estaba arrasando Europa: el Protestantismo.

El rey Enrique VIII sabía que, bajo la doctrina protestante podía divorciarse de su esposa, librarse de férreo control proverbial de la Iglesia católica, y convertirse en el líder incuestionable de su reino. Fue la solución ideal para cada problema que enfrentó, y con las visiones de príncipes legítimos y el poder supremo sobre la Iglesia inglesa que lo motivarían en adelante, Enrique se unió a la Reforma europea en 1533. Fue un momento épico para Inglaterra y la futura Gran Bretaña.

Los años siguientes fueron tumultuosos, por decir lo menos. Todavía el rey no había tenido hijos y Enrique cambiaba de esposas constantemente en un esfuerzo por tener más hijos y complacer su gusto extravagante por las mujeres. Dejando de lado los asuntos personales, la Iglesia de Inglaterra de Enrique sumergió su reino de cabeza en discusiones filosóficas y religiosas que ocurrían en el resto del continente. Finalmente, Inglaterra era un contendiente, digno del discurso de las naciones vecinas que habían debatido durante mucho tiempo los beneficios y las desventajas del luteranismo, la posibilidad de que la autoridad incuestionable de la Iglesia católica estuviera al servicio de sí misma y los defensores del humanismo relacionados con dichas reformas religiosas

La decisión del rey había sido apoyada sinceramente por el consejo de Thomas Cranmer, Doctor en Divinidad en Colegio de Jesús. Cranmer creía fervientemente que las acciones del rey inglés deberían ser juzgadas por un estimado panel de teólogos antes de que el papa pudiera tratar adecuadamente su caso. Aunque el papa nunca se dejaría influir, Cranmer se quedó como asesor del rey Enrique con el título de arzobispo de Canterbury y tuvo un enorme impacto en la forma en que se organizaría la nueva iglesia de 1532-1534.

El primer paso para descatolizar Inglaterra fue la disolución de los monasterios. En el transcurso de unos cuatro años, Enrique VIII se ocupó de que se disolvieran todas las instituciones católicas dentro de su reino. Los residentes fueron removidos, los sacerdotes despojados de su poder, los ingresos de las iglesias, prioratos y otros cuerpos católicos fueron incautados para el trono, y todos los artículos de valor fueron vendidos. Fue una forma conveniente para que Enrique pagara por sus continuos intentos de ganar poder en Francia. Sin embargo, pronto se hizo evidente que el rey, él mismo criado como un católico devoto, no estaba dispuesto a emprender la transición completa de Inglaterra de una nación católica a un reino protestante.

Sin embargo, cuando Enrique murió en 1547, la Iglesia de Inglaterra se convirtió en dominio de su hijo Eduardo VI de nueve años y su acordado Consejo de Regencia. Eduardo había nacido y crecido en la Iglesia de Inglaterra gracias a las reformas de su padre, y él era un verdadero creyente en el bien del protestantismo puro. Incluso como un joven rey, Eduardo transformó la iglesia de Inglaterra con fervor espiritual. Eduardo puso fin a las ceremonias de misa, legalizó el matrimonio de los clérigos y declaró que los sacerdotes de Inglaterra prestarían los servicios religiosos en inglés. Al lado del reformador protestante más entusiasta de su padre, Thomas Cranmer, el joven rey llevó a su pueblo el *Libro de Oración Común*, poniendo fin a la tradición en la que solo los sacerdotes podían leer un libro sagrado. Cranmer escribió sus *39 Artículos de Religión* para definir exactamente lo que la Iglesia de Inglaterra representaba y esperaba de sus constituyentes, y estos se agregaron al libro de oraciones.

Una de las reformas más revolucionarias de la Iglesia de Inglaterra bajo Eduardo VI, y más tarde bajo su hermana, Isabel I, fue que esa gente común ahora podía leer y discutir la Biblia por sí misma. El catolicismo dictaminó que los plebeyos eran incapaces de interpretar con precisión las leyes de la Biblia por sí mismos y que debían aceptar la palabra de sus sacerdotes, obispos y líderes religiosos sin cuestionarlos. En la Reforma de Inglaterra, la filosofía religiosa realmente podría explorarse sin temor a la ira de la Iglesia católica. Inglaterra se convirtió en un paraíso para los europeos que fueron procesados por la Inquisición española y el Sacro Imperio romano.

Bajo la reina María I, que gobernó durante 5 años después de la muerte de su hermano Eduardo a los 15 años, Inglaterra experimentó una rápida vuelta al catolicismo. El gobierno de María persiguió duramente a los protestantes y los quemó como herejes. Todos menos los católicos huyeron del país o se escondieron en el campo hasta 1558 cuando Isabel Tudor tomó la corona. Reinó como una verdadera reina protestante durante 44 años, principalmente restaurando la reputación de Inglaterra en el resto de Europa como un refugio de reforma, cambio y desarrollo. La estabilidad política, religiosa y económica que Isabel ofreció a sus súbditos finalmente permitió que el reino alcanzara su pleno potencial renacentista.

Capítulo 21- Shakespeare, Lully y el Nuevo Arte

La llamada Edad de Oro de Inglaterra, la cumbre de su Renacimiento, se dio durante el reinado de la Reina Isabel I. Isabel I, el último monarca Tudor en detentar el trono, reinó sobre una nación próspera cuya clase media era educada, entrenada en una variedad de oficios y en gran medida creativa. Fue durante su reinado, entre 1558 y 1603, que se edificó el mismísimo teatro inglés, y se hizo fuerte en la nación la profesión de actor y de escritor de obras de teatro. Uno de los dramaturgos más venerados de la historia de Inglaterra, William Shakespeare, hizo múltiples representaciones ante la reina.

De ninguna manera, Shakespeare fue el primer escritor inglés de obras de teatro, pero fue uno de los más prolíficos y se le ha llegado a considerar el representante de la era del Renacimiento inglés.

William Shakespeare se mudó de Stratford-upon-Avon a Londres en algún momento de la década de 1580 o de 1590 encontrando trabajo primero como actor y luego como escritor de obras de teatro. Lo que hizo moderna a su profesión fue la forma que tomó su arte; la creación de textos teatrales había sido un tipo de redacción muy raro hasta unas pocas décadas antes.

En la Edad Media de Inglaterra y Europa continental el teatro no era totalmente desconocido. Obras cortas didácticas de motivos morales o religiosos se representaban con frecuencia como programa de entretenimiento presentadas por conjuntos viajeros o como parte de la oferta de la iglesia para ser usadas en la enseñanza de la ley bíblica.

Desafortunadamente, debido al hecho de que en ese período de la historia la mayoría de los actores, escritores y audiencias eran iletrados, muy pocas obras han sobrevivido en el tiempo.

Entonces, ¿qué fue lo que cambió durante el reinado de Isabel que repentinamente provocó un estallido de popularidad de la obra teatral en el país y en el exterior? Hubo dos cambios importantes en Inglaterra entre la Edad Media y el Renacimiento: la amenaza de tortura o muerte por orden de la corona de la literatura expresiva y la actuación ya no existían, y la mejora de la calidad de vida en la Inglaterra isabelina del siglo XVI hizo posible que más gente gastara sus centavos excedentes en entretenimiento. Ya no era absolutamente necesario revisar cada palabra de un texto para verificar que no tuviera ni una onza de ambigüedad moral, y la industria podía desarrollarse bajo el patronazgo de la misma reina y una vasta audiencia de gente rica y de clase media por igual.

Cuando Shakespeare fue descubriendo su amor por la escritura y el teatro encontró en ello un gusto por filosofar sobre la vida misma. Como sus colegas en los estados italianos y alemanes, Francia y otros países del Renacimiento, William Shakespeare utilizó sus conocimientos literarios y de historia, adquiridos por los niveles de la educación Tudor, para pensar sobre todas las implicancias de la religión, la política, el reinado y el amor en el corazón y el cerebro humanos. Quizá la razón por la cual las obras de Shakespeare sean tan queridas es que ellas exploran la naturaleza humana tan bien. Al contrario de las obras teatrales de los siglos anteriores, las obras de

Shakespeare no se atenían a una forma que pretendiese enseñarle una lección a la audiencia. Simplemente contaban una historia que lograba una conexión emocional entre la audiencia y la historia misma.

En su famosa obra teatral *Hamlet* el protagonista de Shakespeare medita sobre cómo el saber de la muerte y la simple idea de castigos intangibles en la vida ulterior afectan la voluntad y el comportamiento de una persona otrora valiente y arriesgada:

>Pero el espanto de algo tras la muerte,
>
>Aquel país no descubierto de cuyo linde,
>
>Ningún viajero vuelve, confunde la voluntad,
>
>Y nos hace soportar más bien los males que tenemos,
>
>Que volar a otros que desconocemos,
>
>Así el pensar hace cobardes de todos nosotros,
>
>Y así el grito de resuelta intención,
>
>Se enferma con la pálida sombra del pensar,
>
>Y empresas de oportuno y gran vigor,
>
>Con estos miramientos tuercen sus corrientes,
>
>Y pierden el nombre de la acción.

Ideologías y filosofías personales como estas podrían haber traído consecuencias serias en la época del catolicismo estricto, pero bajo Isabel había espacio legal para el filósofo individual. No era solo una idea increíblemente moderna para escritores y actores, sino también para la audiencia. Así, todos los aspectos de la vida europea en esa etapa de la historia estaban de algún modo instruidos por la iglesia, fuera ella católica u otra, la libertad de simplemente observar parado o sentado el desarrollo de una historia sin tomarla muy seriamente fue un avance enorme en la vida del individuo.

Aunque la obra de Shakespeare se enfocó mayormente en el romance, la comedia y las nuevas versiones históricas, el teatro francés siguió su temprana costumbre medieval de mostrar a las audiencias el misterio y la moralidad de sus obras. Aunque los escritores franceses habían podido hacer crecer su industria cien años antes que Inglaterra, estaban fuertemente controlados en lo que escribían y representaban, debido a la vigilancia cercana de la Iglesia católica. Obras de moralidad basada en las enseñanzas de la Iglesia eran por consiguiente las más fáciles de llevar a cabo con éxito, mientras que argumentos de pensamiento humanista avanzado podían poner en peligro a toda la compañía teatral.

Además, los gremios franceses controlaban el contenido de las obras y fijaban dónde podían ser representadas, siendo las de misterio, tragedia, sátira y farsa las más populares. Mientras que en la corte reinaban las comedias, el pueblo de Francia prefería gastar sus francos en obras trágicas. Al comenzar el siglo XVII los gremios dejaron de controlar las ciudades y muchas compañías de teatro ingresaron a ellas, en la segunda mitad de ese siglo, compositores y escritores franceses habían comenzado a trabajar juntos creando una forma enteramente diferente de teatro, la de la tragedia musical u ópera. Como tantos otros aspectos culturales del Renacimiento, la ópera vino de Florencia.

Dafne fue el primer espectáculo de este tipo representado en Florencia en 1597. Había sido escrita por Jacopo Peri en el estilo musical barroco que caracteriza tanta composición musical del Renacimiento. Aunque no queda nada del escrito original o de su composición musical, hay registros en discos de una representación de *Eurídice* escrita por Jacopo Peri y Giulio Caccini presentada en el casamiento de Enrique IV de Francia con María de Medici. El salto de Florencia a París lo precedió completamente; cuando la nueva reina de Francia se instaló en París con el rey Enrique el nuevo concepto de ópera se fue con ella y su séquito. Pequeñas versiones de las presentaciones italianas fueron puestas en escena al azar durante las décadas siguientes hasta que en la segunda mitad del siglo XVII la ópera francesa encontró su verdadero equilibrio.

A lo largo de las décadas de 1670 y 1680, el músico Jean-Baptiste Lully trabajó mucho con el escritor Philippe Quinault, creando un catálogo de óperas francesas que presentara actores populares de obras de teatro habladas. Al igual que las primeras óperas florentinas, las creaciones de Lully y Quinault generalmente requerían que los actores cantaran párrafos enteros de una forma de conversación habitual en lugar de conformar sus palabras con música compleja y dominar el tipo de trabajo musical vocal que el público moderno reconocería como operístico.

Para presentar su trabajo al público Lully usó una cancha de tenis en Bel Air como un teatro al aire libre. Muy pronto las óperas siguieron y el dúo se movió de la cancha de tenis a la corte real. Su trabajo sin duda formó la base de la ópera y el ballet francés y europeo, así como las obras de William Shakespeare abrieron paso a las representaciones teatrales modernas, las sátiras y la comedia. Estas formas de cambios culturales tipifican el Renacimiento europeo en general y aún representan el florecimiento de industrias artísticas a través del continente. No hay duda de que el teatro inglés, el ballet francés y la ópera italiana sirvieron para unificar las respectivas poblaciones en un tiempo de evolución política, dando tanto a los artistas como a los patrocinadores algo sobre lo cual se pudieran sentir orgullosamente patrióticos. Aún hoy, persiste mucho de este sentimiento.

Capítulo 22 - Videntes y Profetas

La ciencia nunca anduvo tan de la mano con la pseudociencia como lo hizo durante la Edad Media en Europa. La gente educada, en su mayoría hombres, buscaban sinceramente el significado de los patrones que encontraban cerca suyo, interpretando cada eclipse solar, cada lluvia de meteoros y cada disposición de ramas de manera precisa. A veces la Iglesia apoyaba estos métodos de entender la naturaleza; otras, era rápida en etiquetar a los futuros científicos como herejes. Dado que la astronomía se había convertido en una emocionante actividad de moda, los investigadores curiosos miraban con mayor frecuencia a las estrellas en busca de orientación.

Durante este importante período de exploración científica, la astronomía aún no estaba separada de la astrología. Por lo tanto, a los maestros de las matemáticas y la medicina que estudiaban las estrellas y derivaban significados proféticos de ellas todavía se los clasificaba en el más alto nivel con astrónomos como Galileo y Copérnico. El telescopio fue para el Renacimiento lo que el médium psíquico para la Inglaterra victoriana. La fuerza impulsora más poderosa detrás de la ciencia de culto de la astrología fue la creencia de Platón, Aristóteles y otros filósofos clásicos de que las estrellas podrían usarse para adivinar el futuro.

El zodíaco, parte de las antiguas prácticas astrológicas de los babilonios y tal vez incluso de los egipcios, tuvo un rol para desempeñar en el renacimiento en la observación de estrellas y la adivinación del futuro. Al igual que con cualquier cosa remotamente relacionada con los antiguos griegos y romanos, los filósofos europeos se lanzaron con entusiasmo a la idea de interpretar las acciones de los planetas. Estaban orgullosos de sus esfuerzos, no solo porque sentían que estaban restaurando su propia cultura, sino porque las naciones islámicas para entonces habían estado haciendo descubrimientos matemáticos y científicos durante muchos siglos.

Motivados por cada pequeña referencia a los cielos durante las clases universitarias, los eruditos desde el siglo XIII hicieron observaciones interesantes del cielo. Uno de los primeros maestros europeos de astronomía fue el matemático italiano Guido Bonatti. El libro más influyente de Bonatti, *Liber Astronomiae*, o Libro de Astronomía, fue escrito alrededor de 1277. Utilizó puntos medios para hacer predicciones, una medida muy precisa de la ubicación de ciertos cuerpos astrales dentro de su carta estelar. Utilizó dichos cálculos para predecir que el Conde de Montefeltro tendría éxito en su campaña militar, pero que sería herido al lograrlo. Resultó cierto, convirtiendo al conde en un creyente de toda la vida en la astrología, y el libro de Bonatti se convirtió en una parte importante de la educación astronómica durante al menos dos siglos. Sus cálculos fueron la inspiración para los astrólogos más prominentes del Renacimiento.

En el siglo XVI, dos de estos famosos astrólogos y adivinos pudieron usar su presunto conocimiento científico y espiritual para servir a nada menos que a dos poderosas reinas europeas: Isabel Tudor de Inglaterra y Catalina de Medici de Francia. Nostradamus sirvió a la reina francesa, mientras que John Dee sirvió a los ingleses. Ambos hombres enfrentaron críticas por sus profesiones, pero al mismo tiempo cultivaron la inmensa confianza de sus empleadores.

El comienzo de Dee con la familia real fue precario, en el sentido de que fue arrestado unos años antes de que Isabel subiera al trono inglés por haber elegido los horóscopos de ella y su hermana María. En ese momento, María era la reina reinante y era ilegal emitir horóscopos a cualquier miembro de la familia real, aunque la Iglesia católica no estaba segura de cuán precisos eran realmente los métodos de astrología, estaban horrorizados ante la idea de que uno pudiera predecir la muerte de un monarca. La sugerencia misma de que tales futuros pudieran revelarse cuestionaba el tejido sobre el cual se basaban las monarquías y las herencias.

Dee se encontró en serios problemas cuando sus cálculos del horóscopo lo llevaron a prisión con el cargo de traición, pero los funcionarios de la iglesia lo liberaron y lo mantuvieron bajo un severo escrutinio. De todos modos, cuando Isabel reemplazó a su hermana fallecida en 1558, buscó al mismo hombre que fuera criticado por poner en peligro su vida con la profecía. Aunque en ese momento la habilidad más comercializable de Dee era la de la navegación, Isabel estaba muy atraída por su conocimiento del ocultismo. Primero consultó con él para fijar la fecha de su coronación.

Obedientemente, John Dee revisó sus mapas estelares y buscó la mejor fecha, una que pronosticara suerte y fortuna. Eligió el 15 de enero de 1559. Isabel alegremente siguió su consejo y siguió consultando al hombre cada vez que se sentía ansiosa por una próxima cita o evento. Se rumorea que Dee hechizó a la Armada Española, que ni una vez logró llegar a la costa de Inglaterra.

Aunque la alquimia y la numerología, dos ciencias del Renacimiento que ocuparon más a John Dee, no se consideran ciencias en un contexto moderno, Dee hizo una gran cantidad de trabajos matemáticos en ambas ramas. En una época en la que la numerología era perfectamente bien aceptada como una búsqueda científica, los contemporáneos de Dee lo consideraban un matemático superior y una gran mente.

Dee cayó en desgracia con el sucesor de Isabel, Jacobo VI de Escocia, y pasó sus últimos años tratando de comunicarse con espíritus y aprender el lenguaje secreto del universo.

> No hay (amable lector) nada (excepto solamente las obras de Dios) que embellezca y adorne tanto el alma y la mente del hombre como el conocimiento de las buenas artes y ciencias.

Dee fue enterrado en Mortlake, donde vivía fuera de Londres, pero su tumba se ha perdido para el mundo. Algunos de sus libros matemáticos se exhiben en el Colegio Real de Médicos de Londres.

Como John Dee aconsejaba a la reina Isabel I de Inglaterra, Catalina de Medici encontró su consuelo en la presencia casi constante de su vidente personal, el médico francés Michel de Nostredame, más conocido hoy como Nostradamus. Aunque su familia era originalmente judía, se convirtieron al catolicismo bajo la rigurosa presión de la Iglesia, y Nostradamus se transformó en un entusiasta estudiante de varios temas espirituales y físicos. Ingresó a la Universidad de Aviñón para hacer estudios médicos a la edad de 14 años y luego asistió a la Universidad de Montpellier con la esperanza de obtener su doctorado. La última escuela lo expulsó cuando se descubrió que estaba trabajando como boticario. Trabajar en un oficio se consideraba muy por debajo de la clase de gente que debería asistir a una universidad, tal vez porque los profesores querían que sus estudiantes pudieran dedicar cada parte de energía a sus estudios. Desde el punto de vista de la clase adinerada de la Edad Media tardía, la gente de clase media y baja con trabajos manuales no solo eran estudiantes potencialmente malos, sino que posiblemente incluso no eran genéticamente aptos para aprender las humanidades superiores. Nostradamus continuó con su educación a través de libros y entrevistas con profesionales, trabajando arduamente para hacerse un nombre.

Cuando la plaga se extendió por Francia en la década de 1530, cobrándose la vida de la esposa y los hijos de Nostradamus, se dedicó a trabajar junto a médicos para tratar de curar a los enfermos y erradicar la enfermedad de Europa por completo. Su popular píldora rosa se desarrolló como una prevención para la principal causa de muerte infecciosa del continente, y su tasa de curación fue una de las más altas de su profesión. Obtenida de la Rosa mosqueta o escaramujo, el contenido de la píldora proporcionaba a los pacientes altos niveles de vitamina C. Los suplementos vitamínicos, además de la creencia de Nostradamus en el aire fresco y la higiene tanto para los enfermos como para los sanos. En efecto, podría haber tenido un efecto estadístico positivo en la infección bacteriana que era la causa de la plaga.

El almanaque de Nostradamus, escrito para el año 1550, le ganó fama y respeto generalizados como filósofo y vidente natural por parte de sus compañeros y mecenas reales, la más importante la reina de Francia. Catalina de Medici, nacida de la notoria familia gobernante de Florencia, tenía fama de maga. Con el apoyo de la reina, en 1555 Nostradamus escribió su libro más famoso, *Les Prophéties (Las Profecías)*. Las páginas contenían múltiples predicciones basadas en sus meditaciones sobre un cuenco de agua y un espejo oscuro. Les dijo a los clientes que tales meditaciones lo enviaron a un trance que se caracterizó por fuertes alucinaciones visuales de eventos futuros. Documentó esas visiones y las interpretó como eventos específicos que ocurrirían en el transcurso de los próximos 2000 años.

Por supuesto, la Inquisición era una amenaza peligrosa y omnipresente, incluso fuera de España. Después de llamar la atención de la Iglesia por sus predicciones y cálculos, Nostradamus decidió escribir *Les Prophéties* en forma codificada, por lo que las predicciones se dividieron en poemas de cuatro líneas que usaban varios idiomas. No fue el enorme éxito que tal vez esperaba que fuera, pero, sin embargo, el libro fue lo suficientemente popular como para sostener al vidente y mantener el libro impreso hasta los tiempos modernos. A lo largo de los siglos, se interpretó que el libro de Nostradamus predijo la Revolución Francesa, los ataques terroristas en los Estados Unidos de América el 11 de septiembre de 2001, el bombardeo de Hiroshima, Japón, la muerte de la princesa británica Diana, el desastre del contrincante de la NASA y muchos más.

Nostradamus y su patrocinadora creían de todo corazón en sus visiones proféticas, mientras que la ciencia moderna, una profesión que el vidente consideraba que practicaba, se refiere a sus profecías cumplidas como predicción. La predicción describe el método de hacer coincidir la llamada escritura profética y la proclamación con acontecimientos significativos una vez que los acontecimientos ya han tenido lugar.

De hecho, el médico y escritor no se autodenominó profeta y escribió lo siguiente sobre la denominación:

> Si he evitado la palabra profeta, no deseo atribuirme a mí mismo un título tan elevado en la actualidad, porque a quien se llama profeta ahora se le llamaba vidente; ya que un profeta, mi hijo, habla correctamente a alguien que ve cosas distantes a través del conocimiento natural de todas las criaturas. Y puede suceder que el profeta que produce la luz perfecta de la profecía pueda manifestar cosas tanto humanas como divinas, porque esto no se puede hacer de otra manera, dado que los efectos de predecir el futuro se extienden en el tiempo.

> El conocimiento perfecto de tales cosas no puede adquirirse sin la inspiración divina, dado que toda inspiración profética deriva su origen inicial de Dios Todopoderoso, y luego del azar y la naturaleza. Como todos estos portentos se producen de manera imparcial, la profecía se cumple en parte según lo previsto. Porque la comprensión creada por el intelecto no puede adquirirse por medio de lo oculto, solo con la ayuda del zodíaco, produciendo esa pequeña llama por cuya parte de luz del futuro

puede discernirse. Necesitamos que Dios prospere, aquellos sin él no lo harán.

En la corte, Michel de Nostradame encontraría un lugar permanente como médico de la familia real. Cuando se le presionó para que hiciera predicciones específicas relacionadas con la realeza, dijo que el rey Enrique II moriría de una herida en el ojo. En 1559, mientras se llevaban a cabo las justas en la celebración del matrimonio de su hija con el rey Felipe II de España, Enrique recibió un golpe en el ojo por la lanza de su oponente. El rey murió diez días después.

Nostradamus murió en 1566, un día después de escribir su testamento y avisar a su sirviente que no estaría vivo para ver el amanecer. Su reputación sigue siendo la de uno de los principales adivinos del Renacimiento y de todos los tiempos.

Capítulo 23 - El Renacimiento Médico

Una de las facetas más apasionante del Renacimiento europeo fueron los avances fisiológicos realizados por investigadores y científicos de la época. Como parte de la educación neoclásica en boga en ese momento, los académicos estudiaban las obras griegas y latinas de antiguos médicos como Galeno e Hipócrates. Las ideas expuestas por estos grandes pensadores clásicos resonaban de una manera convincente en muchos estudiantes en la Florencia del siglo XIV y, finalmente, en el resto del continente educado. Ambroise Pare, Leonardo da Vinci y William Harvey, entre otros, realizaron estudios que revolucionaron la forma en que se entiende y se trata la enfermedad.

Claudius Galenus, más comúnmente conocido como Claudio Galeno, fue un médico griego del siglo II que había tratado al emperador romano con éxito y, por lo tanto, se hizo muy famoso. Dado que la disección de seres humanos estaba prohibida por razones religiosas en su día, Galeno aprendió cómo funcionaban los cuerpos diseccionando animales e intentando relacionarlos con la anatomía humana. Sus obras fueron algunos de los principales libros de texto en las escuelas de medicina a lo largo de la Edad Media y en el Renacimiento, con observaciones anatómicas que fueron bastante precisas.

En la Edad Media, la disección y las autopsias seguían siendo muy raras y, a menudo, todos las consideraban impías, desde clérigos hasta campesinos comunes. Que la práctica estuviera fuera de moda significaba que los médicos tenían muy poco conocimiento del cuerpo humano con el cual tratar de curarlo. Los mismos griegos y romanos participaron muy poco en tales procedimientos, pero a pesar de ello, los estudiantes y practicantes del Renacimiento se volvieron demasiado curiosos como para mantener ocultos los misterios del cuerpo interior.

En Italia, había personas nombradas por la ciudad a cargo de realizar autopsias a posibles víctimas de asesinato, pero la práctica no se generalizó hasta el siglo XV. En ese momento, los pacientes ricos comenzaron a pagar por adelantado una autopsia de su médico, a veces con la esperanza de evitar que otros miembros de la familia sucumbieran a la misma enfermedad. En muchos casos, los médicos solo investigaban el cráneo y el cerebro para tratar de determinar la causa de la muerte. Los cráneos de muchos miembros de la familia Medici llevan marcas para mostrar ese análisis.

Leonardo da Vinci estaba particularmente interesado en la medicina interna y las respuestas que se podían encontrar debajo de la piel de un cadáver. Específicamente, quería encontrar el vínculo entre la visión, el cerebro y el alma. Creía que el alma humana era algo muy real que existía dentro de los límites del cerebro. Para facilitar su investigación, el reconocido maestro de bellas artes diseccionó personalmente los cuerpos de treinta personas muertas. Dibujó cuidadosamente lo que encontró dentro de los cuerpos, aislando músculos, nervios e incluso restos fetales en detalle tridimensional. Da Vinci también experimentó con ranas, observando cómo morían los anfibios cada vez que rompía una parte particular de sus espinazos.

En Francia, el cirujano Ambroise Pare experimentó con intenciones considerablemente mejores en sus pacientes humanos, uniendo venas y arterias rotas con delicados hilos de seda. A pesar del excelente conocimiento de la faceta física de los vasos sanguíneos que tenía Pare, sus cirugías en general no tuvieron éxito debido a las infecciones. Eso no le impidió aprender a restringir el flujo sanguíneo en venas individuales mediante el uso de un hilo o alambre en un procedimiento conocido como ligadura.

Las administraciones de medicamentos hechas por Pare en el campo de batalla fueron mucho más fructíferas y mostraron una comprensión innata del método científico. Al tratar a los heridos después de una sangrienta batalla por el Castillo Villaine, Pare usó el método aceptado de aplicar aceite hirviendo a las heridas de bala para cauterizarlas y destruir el veneno que se creía que infectaba desde el interior. Finalmente, el médico se quedó sin aceite y se vio obligado a tratar a las tropas restantes con una antigua receta de cataplasma de yema de huevo, aceite de rosa y trementina. Sin darse cuenta, se había topado con la situación ideal de pruebas experimentales.

Pare es citado por Leon Gordis en *Epidemiología:*

> Esa noche no pude dormir a gusto, temiendo que por falta de cauterización encontrara a los heridos sobre los que no había usado dicho aceite muertos por el veneno. Me levanté muy temprano para visitarlos, cuando, más allá de mi esperanza, encontré a aquellos a quienes les había aplicado el medicamento digestivo sintiendo poco dolor, sus heridas no estaban hinchadas ni inflamadas, y habían dormido toda la noche. Los otros a quienes les había aplicado el aceite hirviendo estaban febriles, con mucho dolor e hinchazón de sus heridas. Entonces decidí que nunca más volvería a quemar tan cruelmente a los pobres heridos por los arcabuces.

De vuelta en Italia, un hombre llamado Girolamo Fabrizio recibía su doctorado en medicina en 1559 de la Universidad de Padua y luego siguió enseñando anatomía y cirugía. Como profesor, Fabrizio modernizó radicalmente el aula de doctorado cuando convirtió la disección de animales en el aula en una parte rutinaria del plan de estudios. A través de la cuidadosa apertura de los cuerpos de los animales, Fabrizio y sus alumnos aprendieron las estructuras internas de los sistemas circulatorio y digestivo, así como de los ojos y los oídos. Los temas que más lo fascinaban era las membranas que encontraba dentro de las venas y los fetos en desarrollo.

Fabrizio también examinó de cerca y disecó el cerebro y la garganta, y con respecto la última, escribió cuidadosas notas hipotéticas sobre cómo se podría lograr una traqueotomía. Su método incluía el uso de una incisión vertical y un tubo traqueal con estructuras de soporte para evitar que cayera en los pulmones o el estómago. Comparativamente, las ideas de Fabrizio coinciden estrechamente con el procedimiento quirúrgico moderno.

Un estudiante inglés de Fabrizio, William Harvey retomó donde su maestro lo había dejado preocupado por el sistema circulatorio de la sangre. La investigación de Harvey lo ayudó a escribir en detalle sobre cómo el corazón bombea sangre al cerebro y a las partes del cuerpo, lo que lo llevó a descubrir que la sangre siempre debe fluir y en una sola dirección. Después de obtener su doctorado en la Universidad de Padua, Harvey se convirtió en el médico jefe del Hospital San Bartolomé en Inglaterra. En 1615, Harvey fue designado como conferenciante Lumleian, un papel bajo el que viajó por toda Inglaterra explicando la medicina moderna para iluminar el reino. Su libro, *Una Disquisición Anatómica sobre el Movimiento del Corazón y la Sangre en Animales*, explica la forma en que el corazón actúa como una bomba muscular, moviendo la sangre primero dentro y luego fuera de sus cámaras.

> El corazón de los animales es la base de su vida, el soberano de todo lo que hay dentro de ellos, el sol de su microcosmos,

de lo que depende todo crecimiento, de donde procede todo poder.

Harvey, un médico increíblemente respetado en su época, se convirtió en Médico Extraordinario del rey Jacobo I de Inglaterra, sucesor de la reina Isabel I, en 1618. Como el médico más estimado del reino, Harvey fue llamado a examinar los cuerpos de cuatro mujeres acusadas de brujería en 1634. Un escéptico flagrante, el testimonio de Harvey salvó a todas las acusadas de la condena. Fue un giro irónico de los acontecimientos, ya que un médico español llamado Miguel Servet fue quemado en la hoguera en 1553 por publicar hallazgos cardiovasculares similares a los de Harvey, que ofendieron a la Iglesia católica.

La mayoría de las copias del libro de Servet, *Christianismi Restitutio*, fueron quemadas, pero han sobrevivido tres copias. Unos 350 años después de su ejecución en Suiza, se erigió en Ginebra una estatua de Servet para conmemorarlo. La suya no fue la única mente brillante del Renacimiento silenciada por la Iglesia católica. Al final, podría haber sido la gran multitud de científicos con visión de futuro como Servet, Howard, Pare y Da Vinci lo que permitiría que su conocimiento combinado sobreviviera a la ira de la Iglesia y su Inquisición.

Capítulo 24 - Los Intelectuales Perseguidos

El Renacimiento tiene una reputación casi de cuento de hadas como un momento mágico en Europa cuando gobernaban la literatura, el intelecto y el descubrimiento científico. Desafortunadamente, la verdad es que cada descubrimiento, cada avance médico y cada ecuación matemática fue difícil de ganar por un individuo determinado que tuvo la suerte de encontrarse en un ambiente lo suficientemente solidario como para no descartar la idea o gritar "¡herejía!" y comenzar a preparar los aparatos de tortura. Por cada científico exitoso, reformador religioso y escritor humanista de la época, hubo más pensadores desafortunados que sufrieron las consecuencias injustas que se produjeron por adelantarse a su época o simplemente por estar frente al público equivocado.

Uno de ellos fue Giordano Bruno, nacido en el Reino de Nápoles en 1548. Siendo un brillante astrónomo, Bruno extendió el modelo del universo propuesto por Nicolás Copérnico para proponer que la Tierra no solo rodeaba al Sol, sino que otras estrellas en el cielo eran soles con planetas en órbita propias. Además, Bruno creía que el universo en sí no tenía un tamaño medible y, en cambio, era infinito.

Por lo tanto, concluyó que el universo no tenía un centro del cual hablar. Las ideas del científico no solo provocaron a los clérigos que todavía estaban molestos por la sugerencia de que la Tierra no era el centro del universo de Dios, sino que además insinuó que no había una sola entidad "dios", ni el cielo ni el infierno. Además, cuando se le interrogó, Bruno se negó a aceptar la creencia católica de que el pan y el vino, cuando se ofrecían en la Sagrada Comunión, se convertían en el espíritu y el cuerpo de Jesucristo.

Después de décadas de viajar entre Francia, Alemania, Austria, Inglaterra y otras partes del continente, Bruno fue arrestado por la Inquisición veneciana y luego enviado a Roma para su juicio. Su arresto se basó en las quejas de los padres de un estudiante del cual era tutor que citaron como motivo de su denuncia de su teoría de la pluralidad de mundos, o la creencia de que hay muchos más soles y planetas en el universo que el nuestro. Durante siete años, Giordano Bruno estuvo recluido en prisión mientras su juicio continuaba. Aunque Bruno intentó salvarse afirmando que aceptaba las enseñanzas de la Iglesia, finalmente se negó a firmar una declaración en la que se retractaba de sus filosofías científicas.

El mismo papa Clemente VIII declaró al hombre hereje y lo sentenció a ser ejecutado. Bruno fue colgado boca abajo desnudo en una plaza romana antes de ser quemado en la hoguera. Sus cenizas fueron arrojadas al río Tíber y todos sus libros se pusieron en una lista de obras prohibidas.

A finales del siglo XVI, otro físico italiano llamado Lucilio Vanini luchó junto a Bruno para defender su falta de fe religiosa. Después de pasar su juventud estudiando teología y filosofía en Nápoles, Vanini decidió seguir estudiando ciencias naturales. Su curiosidad e ideas sin precedentes lo llevaron a viajar por Europa, ganándose la vida enseñando por el camino.

Vanini pudo haber sido ateo, lo que en sí mismo se consideraba una herejía, pero parece más probable, como lo demuestran sus escritos, que más bien era agnóstico. Independientemente de sus verdaderos sentimientos sobre la Iglesia, Vanini se sintió obligado a escribir un libro que atacara por completo el ateísmo. La mayoría de los contemporáneos y los estudiosos modernos están de acuerdo en que el libro fue una mera herramienta para sacarse de encima las presiones de la Inquisición. Funcionó, pero no por mucho tiempo. Cuando Vanini reveló sus teorías científicas, estaba justo debajo de la mira de la Iglesia. Afirmaba que el universo era un lugar físico gobernado por las mismas leyes que la Tierra, y teorizó que los humanos y los grandes simios debían tener un antepasado común, proponiendo esta última teoría mucho antes de que naciera Charles Darwin. Era más que blasfemo a los ojos de la Iglesia, y en 1619, Vanini fue declarado culpable de ateísmo y blasfemia por el Parlamento de Toulouse. Al hombre le cortaron la lengua antes de morir ahorcado y quemado.

Más de medio siglo después, en Polonia, Kazimierz Łyszczyński también fue acusado de ateísmo, aunque sin duda adhería a esta cosmovisión. Irónicamente, Łyszczyński estudió durante ocho años bajo la orden de los jesuitas católicos antes de aceptar un trabajo como juez en contra de ellos en casos de bienes. Convencido de que la religión no era más que un dogma hecho por el hombre, el filósofo investigó el tema en gran medida y comenzó a escribir apasionadamente su tratado, *De non existentia Dei* o *Sobre la Inexistencia de Dios*.

El proyecto era un secreto, pero una discusión sobre el pago de una deuda convierte a Łyszczyński en enemigo de un conocido que había visto algunos de sus escritos. Específicamente, el autor había garabateado "Por lo tanto, Dios no existe" en las páginas de una fuente de investigación llamada *Theologia Naturalis* que intentaba probar la existencia de Dios. El libro fue entregado a las autoridades católicas, así como páginas escritas a mano del trabajo mismo de Łyszczyński. Las acusaciones tuvieron el efecto deseado: Łyszczyński fue declarado culpable de ateísmo y blasfemia y condenado a que le sacaran la lengua con un hierro caliente antes de ser quemado vivo.

Dentro de las páginas de la obra maestra inacabada de Łyszczyński, se lee:

"El Hombre es el creador de Dios, y Dios es un concepto y creación del Hombre".

Capítulo 25 – En los Años Posteriores al Renacimiento

Durante el final del siglo XVII, ese período notable de educación, arte y ciencia de estilo clásico alcanzó un pico brillante que culminó en la próxima era significativa de la historia europea: la Ilustración. También conocido como la Edad de la Razón, el siglo XVIII fue en toda Europa una época en la que esas teorías humanistas y descubrimientos científicos del Renacimiento pasaron a un primer plano y se celebraron como triunfos. La Iglesia ya no podía levantar la mano y ordenar la muerte de los grandes pensadores del continente, y la gente ya no se inclinaba servilmente ante un incuestionable soberano o gobierno.

En 1789, esa revolución llegó a un punto crítico en París cuando la auto declarada Asamblea Nacional derrocó al Antiguo Régimen de Francia y marcó el comienzo de la era republicana. La Revolución Francesa reverberó a través del Atlántico y en el corazón de las colonias francesas, que vitorearon a sus conciudadanos y se rebelaron contra la esclavitud y la explotación por sus amos y señores adinerados. Esa rebelión sacudió los cimientos de la esclavitud en América del Norte y finalmente provocó la abolición de la esclavitud en Europa y América.

Muchas de las almas pobres que fueron tan perseguidas y torturadas bajo la Inquisición por sus ideas científicas, religiosas o filosóficas fueron honradas en los años posteriores al Renacimiento. Por ejemplo, el dedo medio de la mano derecha de Galileo Galilei se exhibe en el Museo Galileo en Florencia, Italia. Se erigió una escultura de arte dedicada a Giordano Bruno en la Potsdamer Platz en Berlín, Alemania, para conmemorar su horrible asesinato, y a muchos de otros científicos condenados por adelantarse a su tiempo se los recuerda en las páginas de libros de texto escolares de todo el mundo.

El crecimiento intelectual del que disfrutó toda Europa durante el Renacimiento se celebró y se utilizó como base para una industria científica completamente nueva durante la Ilustración. Gracias a esas primeras imágenes ampliadas de la luna, los planetas y las estrellas, y a cada teoría inicial sobre la gravedad y los objetos en movimiento, las nuevas generaciones de mentes científicas como Isaac Newton y Giuseppe Rosati pudieron retomar donde sus predecesores las dejaron. El trabajo de todos y cada uno de los exploradores, médicos, astrónomos, anatomistas, pintores y arquitectos hizo avanzar inconmensurablemente la práctica hasta que finalmente fuimos bendecidos con la medicina moderna, el realismo artístico, las ciencias múltiples y un conocimiento del universo que es tan profundo que es casi insondable.

Isaac Newton, habiendo comprendido por completo muchas de las leyes físicas sobre las que teorizaba Galileo, quizás las expresó mejor:

"Si he visto más lejos, es solo porque he estado parado sobre los hombros de gigantes".

Lea más libros de Captivating History

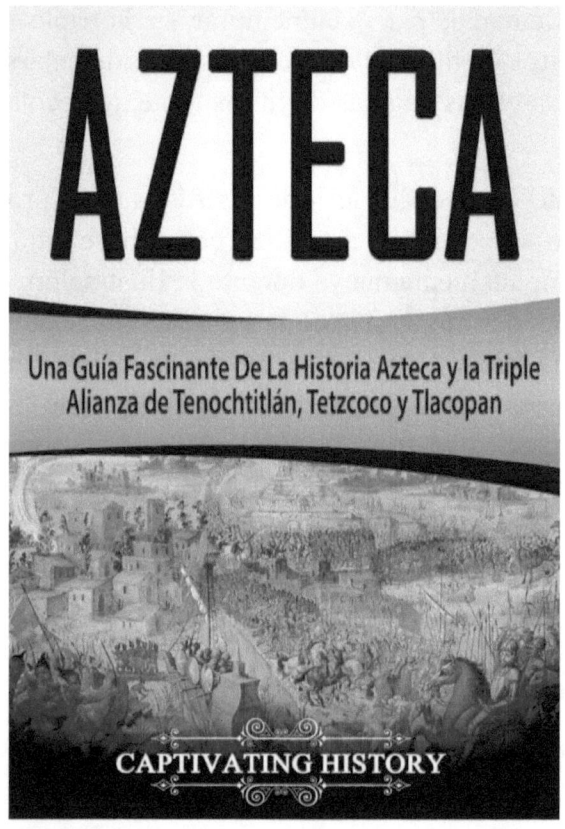

Referencias

Cervantes *Don Quijote de la Mancha*. 1605.

De Lille, Alain. *Liber Parabolarum*, 1175.

De Pizan, Christine. *El Libro de la Ciudad de Damas*. 1405.

Dee, John. Encontrado en *Palabras de Sabiduría* de Gareth Southwell, 2011.

Galilei, Galileo. Una carta a la Gran Duquesa Cristina, 1614. Contenido en la *Civilización Occidental* de Jackson J. Spielvogel: 1300-1815. 2014.

Harvey, William. *Una Disquisición Anatómica Sobre el Movimiento del Corazón y la Sangre en Animales*. 1628.

Luther, Martin. *Catecismo Grande*. (Traducción al inglés de Robert E. Smith) 1529.

Łyszczyński, Kazimierz. *De-non-existentia Dei*, 1674.

Malory, Thomas. *Le Morte d'Arthur: El Libro del Rey Arturo y de Sus Nobles Caballeros de la Mesa Redonda*. 1485.

Montaigne, Michel. *De la Educación de los Hijos*. 1575.

Newton, Isaac en una carta a Robert Hooke, 1675.

Nostradamus, Michel. *Las Obras Completas de Nostradamus*. Compilado por Archaneum, 2003.

Pare, Ambroise. Según lo citado por Leon Gordis en *Epidemiología*, 2013.

Petrarca, Francisco. Como se cita en *Pensamientos Notables Acerca de las Mujeres: Un Mosaico Literario* por Maturin Murray Ballou, 1882.

Routh, C. R. N. *Lo Vieron Suceder: Una Antología de Relatos de Testigos de Acontecimientos en la Historia Europea*, 1450-1600. 1965.

Shakespeare, William. *Hamlet*. 1599.

Van Norman, Louis E. *Polonia: El Caballero Entre Naciones*. 1907